ぜんぶわかる

葬儀・法要・相続の手続きとマナー

成美堂出版

危篤から喪明けまでの一般的な流れ

場面	喪主・遺族が行うこと	参照ページ	弔問客・会葬者・参列者が行うこと	参照ページ
危篤	□ 親族などに連絡する	P18	□ 知らせを受けたら、できるだけ駆けつける	P19/89
臨終	□ 死亡診断書を受け取る	P20		
一時安置	□ 訃報の連絡をする □ 菩提寺（ぼだいじ）に連絡する □ 葬儀社に連絡する	P22/24	□ 知らせを受けたら、遺族の都合を確認のうえ、すぐに駆けつける	P88
搬送	□ 葬儀社に搬送を依頼する □ 退院の手続き・支払いをする	P20/24		
安置	□ 遺体を「北枕」にして寝かせ、「枕飾り」を施す	P26~31	□ 故人との対面は作法にのっとる	P89

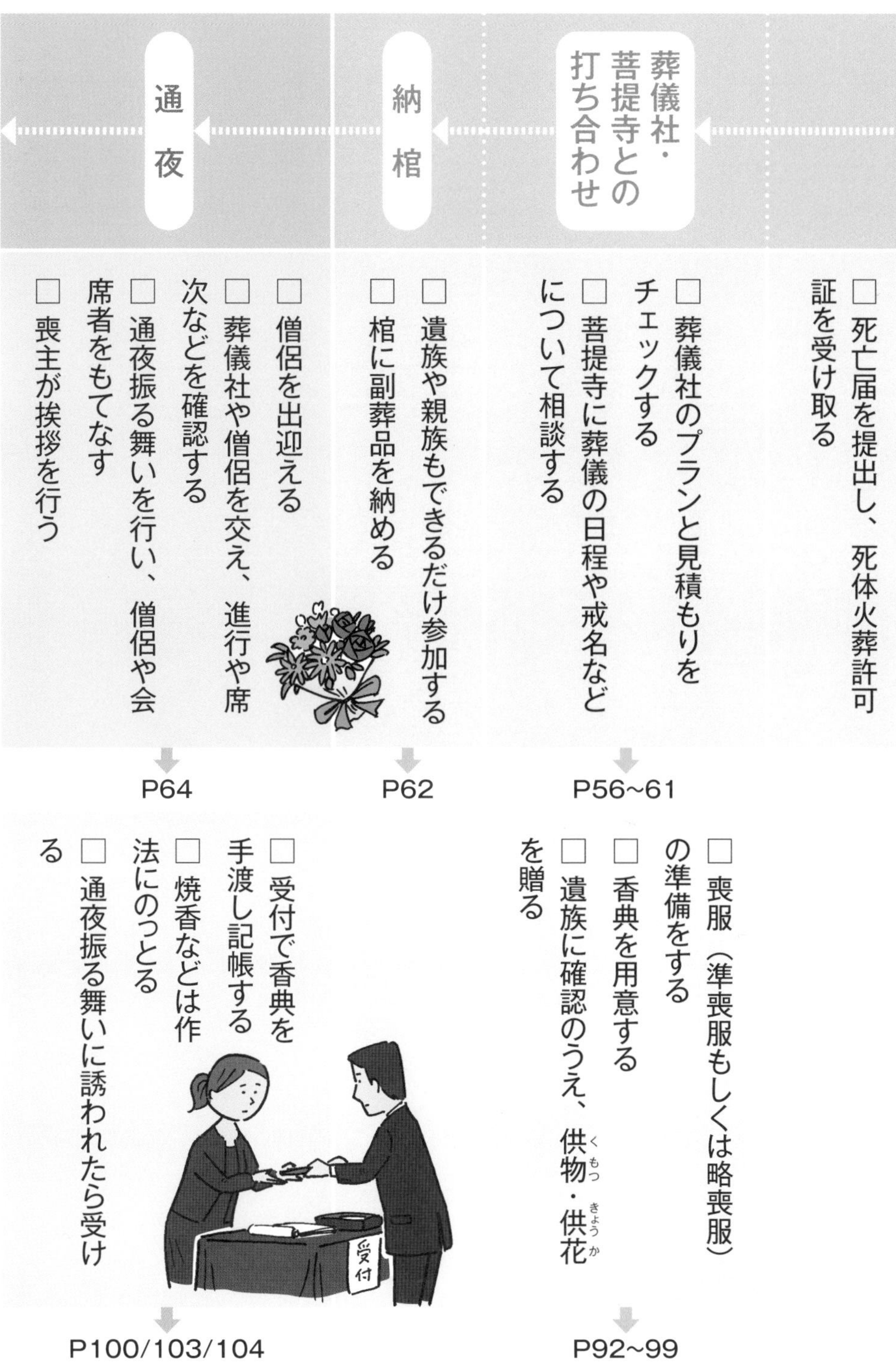

□死亡届を提出し、死体火葬許可証を受け取る

葬儀社・菩提寺との打ち合わせ

□葬儀社のプランと見積もりをチェックする
□菩提寺に葬儀の日程や戒名などについて相談する

P56~61

納棺

□遺族や親族もできるだけ参加する
□棺に副葬品を納める

P62

通夜

□僧侶を出迎える
□葬儀社や僧侶を交え、進行や席次などを確認する
□通夜振る舞いを行い、僧侶や会席者をもてなす
□喪主が挨拶を行う

P64

□喪服（準喪服もしくは略喪服）の準備をする
□香典を用意する
□遺族に確認のうえ、供物（くもつ）・供花（きょうか）を贈る

P92~99

□受付で香典を手渡し記帳する
□焼香などは作法にのっとる
□通夜振る舞いに誘われたら受ける

P100/103/104

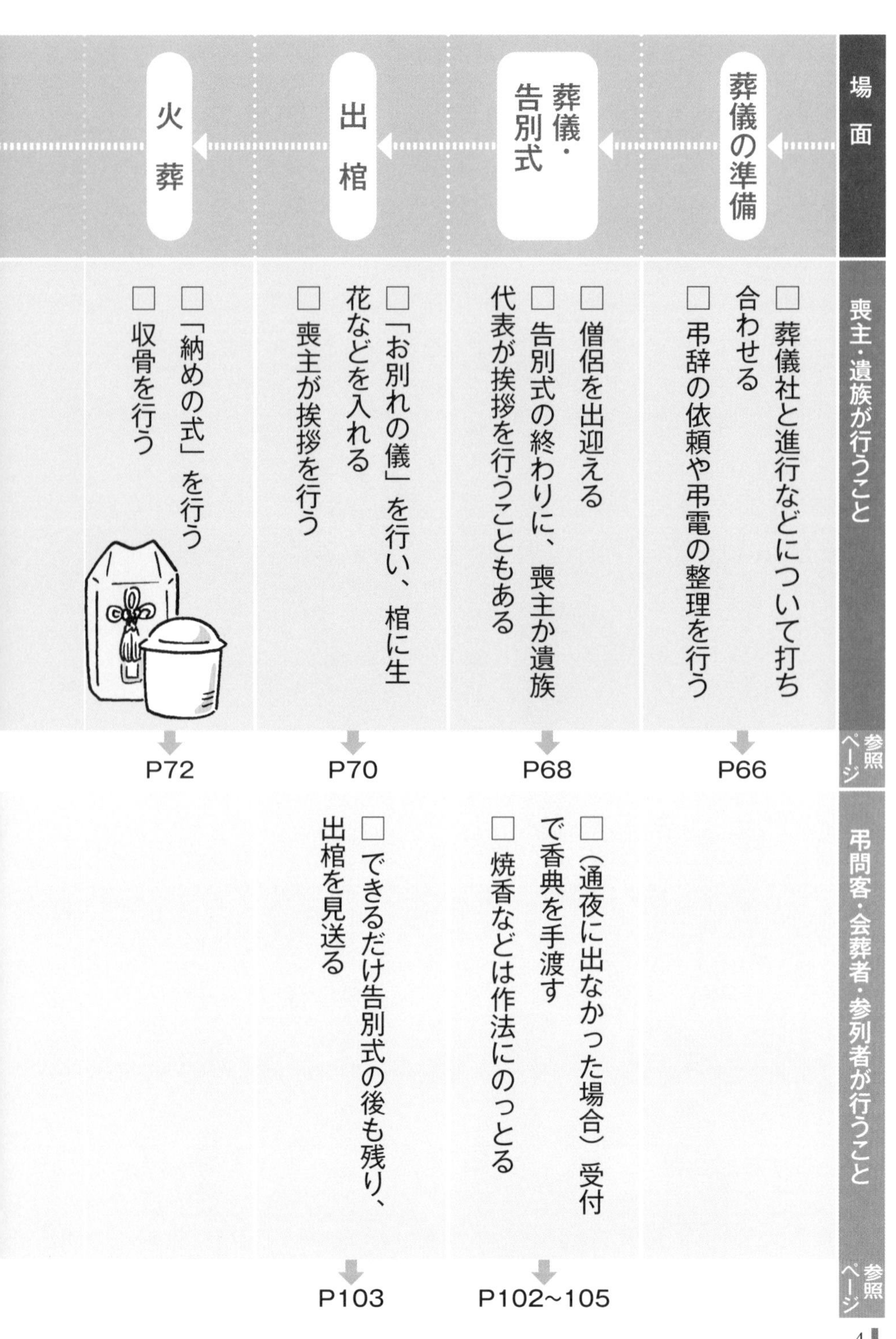

場面	喪主・遺族が行うこと	参照ページ	弔問客・会葬者・参列者が行うこと	参照ページ
葬儀の準備	□葬儀社と進行などについて打ち合わせる □弔辞の依頼や弔電の整理を行う	P66		
葬儀・告別式	□僧侶を出迎える □告別式の終わりに、喪主か遺族代表が挨拶を行うこともある	P68	□（通夜に出なかった場合）受付で香典を手渡す □焼香などは作法にのっとる	P102～105
出棺	□「お別れの儀」を行い、棺に生花などを入れる □喪主が挨拶を行う	P70	□できるだけ告別式の後も残り、出棺を見送る	P103
火葬	□「納めの式」を行う □収骨を行う	P72		

繰り上げ初七日

□遺骨を自宅に迎える
□遺族や親族のみが参加して法要を営む（戻り初七日）

P74

精進落とし

□僧侶や世話役をもてなす
□喪主が挨拶を行う

P75

葬儀後の事務処理とお礼

□会葬者名簿、香典や香典帳などを引き継ぐ
□世話役をはじめお世話になった人に謝礼や心付けを渡す
□翌日以降、お礼の挨拶まわりを行う

P82

□招かれたら、出席する
□喪服（準喪服もしくは略喪服）を準備する
□香典を用意する

P109

四十九日法要

□案内状を出すなどの準備をする
□法要の後、お斎（とき）を振る舞う

P152

場面	喪主・遺族が行うこと	参照ページ	弔問客・会葬者・参列者が行うこと	参照ページ
納骨	□埋葬許可証を墓地の管理者に提出する □納骨式を行う □卒都婆供養を行う	P154		
忌明け	□香典返しを送る	P84		
一周忌の法要	□案内状を出すなどの準備をする □法要の後、お墓参りをすることもある	P156	□招かれたら、出席する □喪服（準喪服もしくは略喪服）を準備する □香典を用意する	P109
喪明け	□年始の挨拶や慶事の開催・出席をしてもよいとされる	P157	□年賀状を送ったり、慶事に誘ったりしてもよいとされる	

葬儀・相続 早わかりQ&A

Q よい葬儀社を選ぶコツは？

A 事前に複数社を比較検討し、選定しておくことが大切です。価格表などがあって料金体系がわかりやすく、応対の丁寧な業者を選びましょう。

また、インターネットで探す場合、「よさそうだ」と思った葬儀社には、ぜひ直接出向いて確認しましょう。実際に行ってみて、気づくことも多いものです。（→P56）

Q お坊さんへのお布施はいくら包めばいい？

A お布施には戒名授与や読経のお礼などが含まれます。一般的な戒名の場合で、20万～50万円ほどが相場とされており、地域や宗派によっても違います。

菩提寺には、「失礼ですが、いかほどお包みすればよろしいでしょうか」と丁寧にお伺いをたててもよいでしょう。「お気持ちでかまいません」と言われたら、お葬式を経験したことのある親戚や葬儀社に相談してみましょう。（→P60）

Q 遺産分割は法定の相続割合に従わなくてはだめ？

A 必ずしも、民法に定められている相続の割合（法定相続分）に従う必要はありません。

法定相続分はあくまで目安であり、相続人同士の話し合い（遺産分割協議）で遺産の分割方法は自由に決められます。協議がまとまらず、調停や審判に持ち込まれた場合には法定相続分を再検討することになります。（→P170／P196）

Q 遺産分割協議書は必ず作らないとだめ？

A 遺産分割協議書は、法律によって必ず作らなければいけないと定められたものではありません。ただし、遺産分割協議書は、遺産の名義変更や相続税の申告などといった相続手続きで必要になります。また、遺産分割後のトラブルを防ぐ意味でも、相続人が複数いる場合は、遺産分割協議書を作成したほうがよいでしょう。（→P198）

Q 故人の預金口座からお金を引き出すことはできる？

A 銀行に故人の死を知らせると、口座は凍結されます。公共料金の自動引き落としもできなくなるので、名義変更もすみやかに行いたいものです。
ただし、銀行に請求すれば、口座凍結後でも、「口座残高×3分の1×その相続人の法定相続分」で、1つの口座につき150万円までなら払い戻しができます。（→P207）

Q 相続した財産がわずかでも、相続税を払わなければいけない？

A 相続財産の全額が「3000万円＋（600万円×法定相続人の数）」、例えば、法定相続人が1人の場合は3600万円、2人の場合は4200万円を超えなければ、相続税の申告義務は発生せず、相続税を支払う必要はありません。
実際、相続税の申告が必要なのは10人に1人くらいの割合です。（→P214）

はじめに

葬儀には、故人を弔うことを通して、残された家族や友人が、大切な人を失ったことに心の区切りをつけるという重要な意味があります。悲しみがピークとなる中で営む葬儀は、見方を変えると、葬儀で一旦ピークを迎えるからこそ、悲しみを癒やしていく第一歩になる。葬儀や法要には、そんな癒やしのプログラムが内包されていると、私は思います。

以前は、「葬儀は人が亡くなった後から手配すればいい」という考えが一般的でした。それでも滞りなく葬儀を営むことができていたのは、地域や親族の支えがあったからだといえます。しかし、地域との関係が希薄になり、核家族化が進んだ近年は、いざ身内に不幸があった時に相談できる相手がおらず、「何が分からないのかも分からない」と戸惑う人が大勢いらっしゃいます。以前は大勢が集い、地域と協力しながら執り行ってきた葬儀ですが、小規模化が進んでいる近年、その全てを遺族が担わなければなりません。2020年以降、新型コロナウイルス感染症の影響で人が集まりづらくなったことから、小規模化はさらに加速し、今後しばらくは家族葬が主流となるでしょう。そんな、「いざという時に外部からのアドバイスが受けづらい時代」だからこそ、事前の準備や知識が重要になっているのです。

私が葬儀相談員として多くの方々に接し、ご相談をお受けしてきた経験から言えるのは、事前の準備や知識は、いざという時、必ず遺族を助けてくれるということです。葬儀の後悔の多くは、遺族が葬儀の基本的な知識を持ってさえいれば、十分に防げることだからです。

本書では、悔いのないお別れを実現するために必要な、葬儀に関する伝統的なしきたりやマナーを詳しく解説し、さらに最新の実務情報も紹介しています。

いつか、あなたが大切なご家族を見送る時、それがどのような状況であっても、あなたにとって最善のお別れをしていただきたい。本書がその一助となることを願っております。

葬儀相談員　市川　愛

Contents

第3章 通夜・葬儀・告別式 55

第4章 弔事のマナーについて ―― 87

第5章 葬儀後の諸手続き

第6章 法要を営む 149

第7章 遺言と相続 163

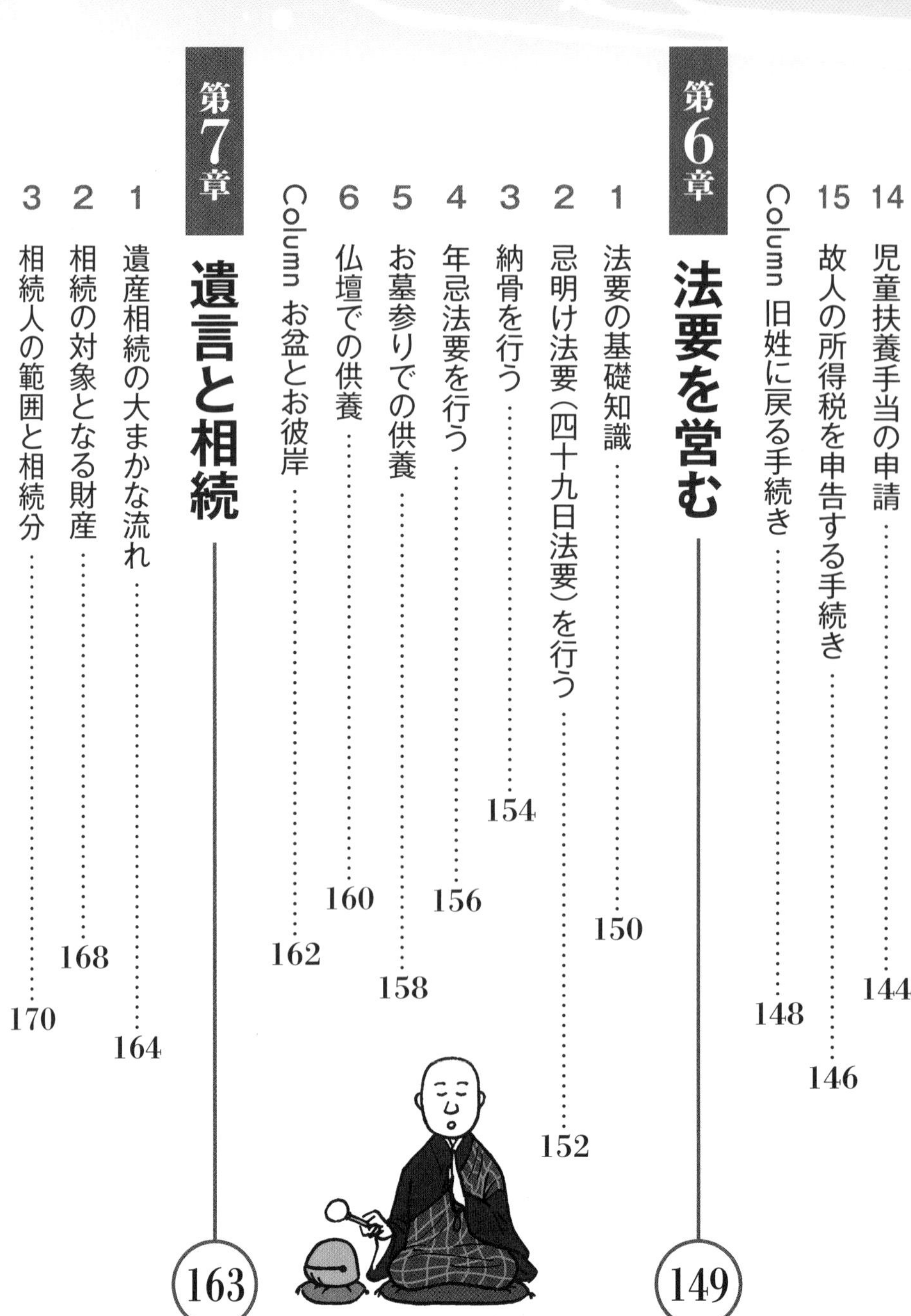

第8章 最期に向けた準備について……219

＊本書の情報は、原則として令和2年11月1日現在のものです。手続き・届け出の際は、必ずご自身で官公庁等の発表する最新情報をご確認ください。

第1章

危篤と
亡くなった後の対応

家族の危篤を知らせる

チェックポイント

□「看取ってもらいたい人」を事前に把握しておく。
□ 危篤の連絡は電話で行う。深夜・早朝であってもかまわない。

医師から家族の危篤を告げられたら

病院などから家族の危篤の連絡が入ったら、急いでそちらに向かうと同時に、親族などに連絡をします。

家族の死が近いことを告げられ、パニックになってしまうこともありますので、事前に危篤を連絡すべき人を把握しておきましょう。一般的に、危篤を知らせる範囲は3親等以内の親族とされていますが、血縁者にこだわらず、「看取ってもらいたい人」に優先的に連絡しましょう。

危篤を知らせる際のマナーと伝えるべきこと

危篤の連絡は急を要するものなので、電話で行うのがよいでしょう。電話がつながらない場合は、留守電やメール、ファックスなどでメッセージを残しておきます。

たとえ深夜や早朝であっても、電話をしてかまいません。その場合は**「夜分遅くに申し訳ありません」**や**「朝早くにすいません」などの言葉を添えましょう。**

伝えるのは次の内容です。

①患者の容体

危篤といってもその状態は様々です。「医師からこの3日が山といわれました」「今夜が山です」など、できるだけ具体的に容体を伝えましょう。

②相手にどうしてほしいのか

すぐに駆けつけてほしいのか、それとも間に合わないので臨終・葬儀に備えて待機していてほしいのかも伝えます。

待機をお願いしたにもかかわらず、相手が行きたいというなら、その判断を尊重しましょう。

病院名・病院の住所と連絡先、自分の電話番号などを伝えます。なお、病院内では携帯電話の使用が限られる場合もありますので、病院の代表番号も伝えておいたほうがよいでしょう。

危篤を知らされた際の失礼にならない対応

一方、親しい人の危篤を知らされた場合は、病院名や連絡先を確認し、家族がかたくなに拒んでいる場合などを除いて、できるだけ危篤者のもとに駆けつけるようにしましょう。

危篤のお見舞い（看取り）に行くことができない場合は、自分の状況や事情を説明し、丁寧にお断りをします。

危篤のお見舞いでの服装は、急を要することなので、**普段着でも失礼には当たりません。ただし、あまり派手な服装やアクセサリーは避けましょう。**手土産も必要ありません。

危篤を知らせるのは一般的に3親等以内

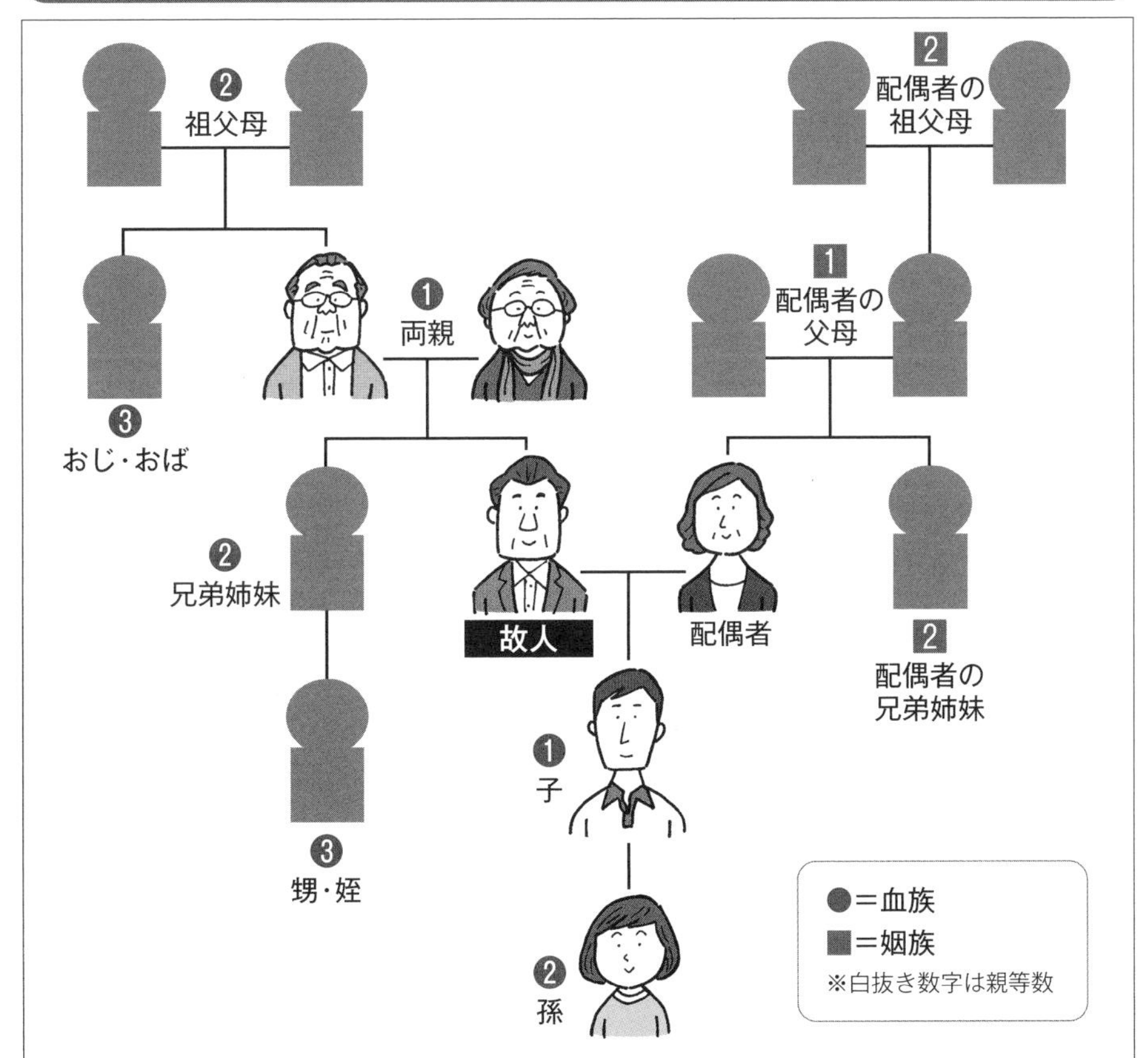

ノート　自宅で危篤状態となった場合は、かかりつけ医に連絡します。かかりつけ医がいないときは救急車を呼び、医師や救急隊員の指示に従いましょう。

臨終に立ち会う

チェックポイント

- □臨終後の流れをあらかじめ整理しておく。
- □病院での臨終と、自宅での臨終とでは、その後の流れが違ってくる。

悔いが残らない別れに

臨終に立ち会うことができれば、手をとったり声をかけたりして寄り添ってあげましょう。感謝の言葉を伝えるなどして、悔いが残らない別れにしましょう。

親しい人とのお別れは大変つらいもので、気が動転してしまうこともありますが、悲しみをいやす間もないうちに、やらなければならない手配や手続きが続きます。あらかじめ臨終後の流れをおさえておくなど、心がまえや準備をしておきましょう。

病院で臨終を迎えた場合のその後の流れ

病院で臨終を迎えた場合、まず医師による死亡判定が行われ、**死亡診断書（死体検案書）が発行されます**。

その後、末期（まつご）の水をとります。末期の水は「死に水」とも呼ばれ、故人の口に水を含ませる儀式です。**自宅などに遺体を搬送した後に行う場合もあります**。それから、遺体の清拭（せいしき）・着替えを行い、遺体を病院内に一時安置します。清拭や着替えは看護師が行ってくれる病院が多いようです。

病院内で最期のお別れを済ませ、葬儀社の手配と退院の手続き・支払いをしたら、遺体を式場（葬祭ホール）や自宅などに搬送します。

臨終までに用意しておくとよいもの

死亡が確認されたら、遺体の着替えが行われます。白い浴衣が多いですが、故人が生前愛着をもっていた衣装を着させてもらえることもあるので、その場合は、用意しておきましょう。

また、入院費の支払いやタクシー代などで現金も必要になります。**少しまとまったお金を用意してお**

くとよいでしょう。

自宅で臨終を迎えたら かかりつけ医を呼ぶ

家族が自宅で亡くなった場合はかかりつけ医に連絡し、死亡確認をしてもらう必要があります。死因が療養中の病気によるものだとわかれば、死亡診断書を発行してもらえます。

かかりつけ医がいない場合は、救急車を呼びます。蘇生の可能性があれば病院に搬送されますが、死亡が確認された場合は、救急隊員が警察を呼びます。

その後、**警察による現場検証が行われます**。検証が済むまでは遺体を動かさないようにしましょう。検証が済み、事件性がないと判断されると、死体検案書が発行されます。

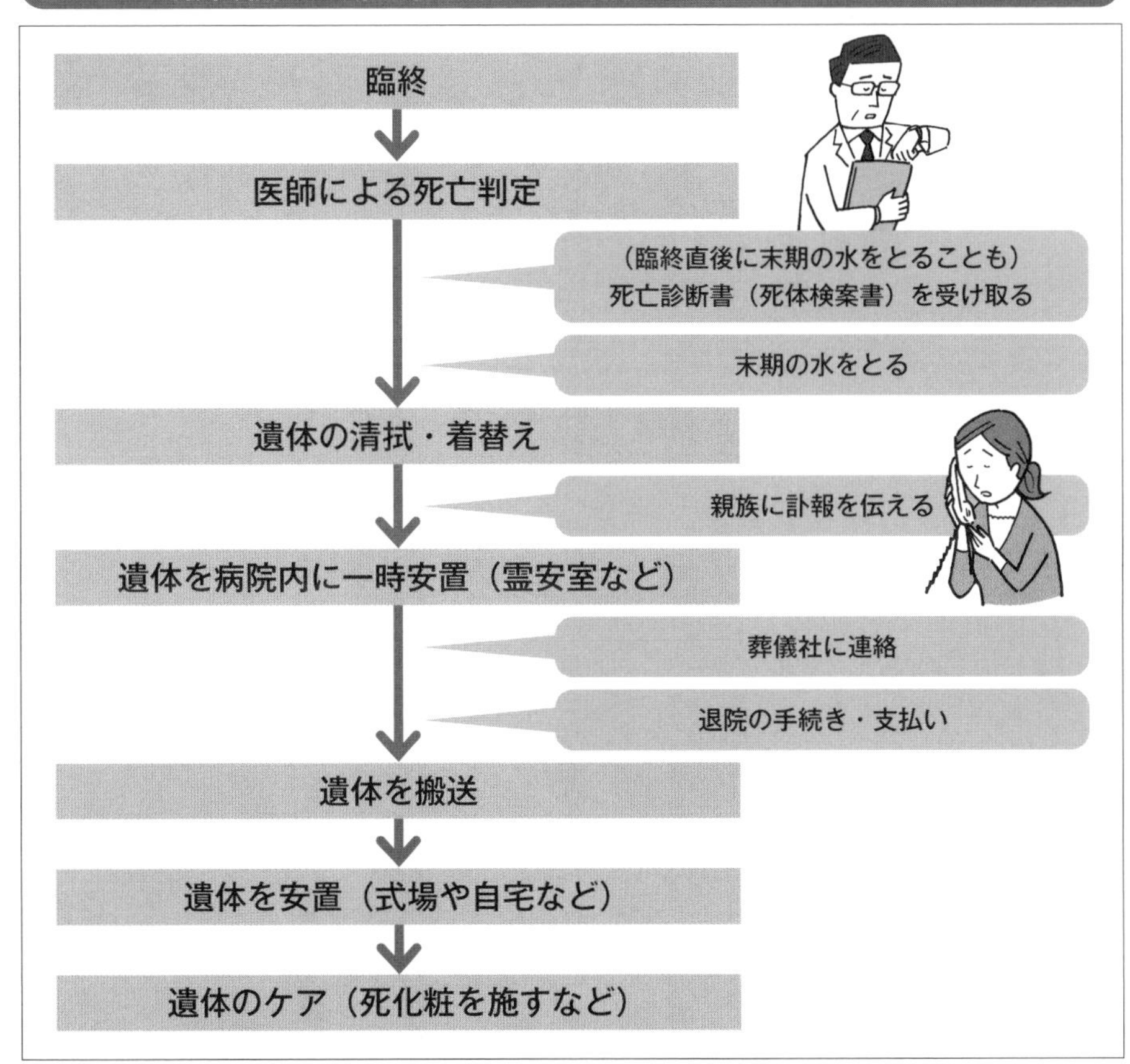

ノート　末期の水は仏教の風習であり、キリスト教では行いません、また仏教でも、浄土真宗では行いません。手順などについては葬儀社や式場の職員に確認しましょう。

訃報の連絡をする

チェックポイント

□ 訃報は、親族のほか、知人・友人、仕事の関係者、菩提寺に連絡する。
□ 連絡は電話で行うのが基本とされている。

訃報を連絡する相手の優先順位を考えよう

訃報を最も早く伝えなければならないのは、一般的に、故人の親族です。臨終に立ち会っていない親族には、葬儀の日程などがまだ決まっていなくても一報を入れましょう。

友人・知人・仕事の関係者については、すぐに知らせる必要がある人と、葬儀の日程が決まってから知らせる人に分かれます。混乱を避けるため、**連絡する人のリストを事前に作成しておくことをおすすめします**。故人が生前にリストを作っていた場合、記載されていた人には必ず連絡しましょう。

必要であれば、自治会や町内会などにも連絡します。会社関係や自治会などには、**各団体の責任者に連絡し、それぞれに伝えてもらうとよいでしょう**。

菩提寺があれば、遺体が一時安置された時点で連絡します。枕経や通夜、葬儀などを依頼しますが、依頼しない場合でも、逝去の連絡はしておきましょう。

訃報の連絡方法は電話が基本

訃報の連絡は迅速に行う必要があります。そのため、**電話で直接伝えるのが基本です**。

最近では、友人や知人に伝える場合、メールやSNSを利用することも増えてきています。しかし、まだ正式な方法とはいえないため、気持ちを害する人がいるかもしれません。特に目上の人にメールやSNSで連絡する場合は、十分に配慮しましょう。

また、メールを受け取った人が通知に気づかない可能性もあります。そのため、確実に伝えたい相手には、メールだけでなく、電話でもあわせて連絡しておくのがよいでしょう。

葬儀に呼ばない人については、葬儀が終わった後、四十九日までの間に手紙などで知らせるか、喪中はがき（年賀欠礼状）で知らせるのが一般的です。

伝え漏れがないようメモを作っておく

訃報を伝える際は、亡くなった人の氏名、亡くなった日時、死因、通夜・葬儀の日時と場所（未定の場合はあらためて連絡します）、自分もしくは責任者の連絡先を伝えます。

また、**近親者のみの家族葬を行う場合や、香典などを辞退する場合は、そのことをきちんと伝えておくのがマナーです。**

あらかじめメモを作っておくなどの準備をし、伝え漏れがないようにしましょう。

電話連絡の例

■ 伝える事柄

❶ 亡くなった人の氏名　❷ 亡くなった日時　❸ 死因
❹ 通夜・葬儀の日時と場所（未定の場合はあらためて連絡）
❺ 自分もしくは責任者の連絡先

■ 親族への連絡

○○の息子の××です。父の❶○○が❷今朝、❸心不全で亡くなりました。
❹通夜や葬儀の日時や場所については決まり次第ご連絡いたします。遺体は家に連れて帰りました。
何かありましたら、❺私までご連絡ください。

■ 友人・知人・仕事の関係者への連絡

突然のお電話申し訳ありません。○○の息子の××です。
父❶○○が❷○月○日の早朝、❸心不全のため亡くなりました。
生前は大変お世話になりましたこと、心から感謝申し上げます。
❹通夜は、明日○月○日○時から○○斎場で、告別式は明後日○時より同じ場所で行います。
面会などご連絡いただく際は、私の携帯電話までお願いいたします。❺電話番号は 090-1234-○○○○です。

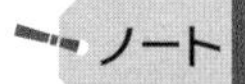

新聞に死亡広告を出す場合は、葬儀社に手続きの代行をお願いできます。直接、新聞社に掲載を申し込むことも可能です。死亡広告は有料で必ず掲載されます。

病院から遺体を搬送する

チェックポイント
- □ 遺体が霊安室などに一時安置されたら、葬儀社に搬送の依頼をする。
- □ 遺体をどこに運ぶのか搬送先を決める。

遺体の搬送を葬儀社に依頼する

遺体が病院の霊安室などに一時安置されたら、まずは葬儀社に連絡を入れます。

葬儀社が決まっている場合はすぐに連絡し、搬送をお願いします。ほとんどの葬儀社は24時間連絡を受け付けています。

事前に葬儀社が決まっていない場合は探す必要があります。また、病院が提携している葬儀社を紹介してもらうこともあります。

葬儀をどの葬儀社に頼むかすぐに決められない場合は、病院が提携している葬儀社に、搬送のみを依頼できるか相談してみましょう。

自家用車で遺体を搬送することは、感染症などの危険があるためおすすめできません。警察に車を止められた際、トラブルとなる可能性もあります。さらに、遺体が損傷するおそれもあります。余程の事情がない限り、避けたほうがよいでしょう。

なお、遺体をタクシーで搬送することはできません。

遺体を搬送する搬送先を決める

遺体の搬送先は、自宅か、火葬場併設の安置施設、葬儀社や式場（葬祭ホール）の安置施設、民間の安置専用施設のいずれかになります。

遺体を自宅に搬送する場合は、近隣の住民やマンションの管理人などに、自宅に遺体を安置する旨を説明しておきましょう。

葬儀を式場で行う場合は、病院から直接搬送します。

また、都市部を中心に「遺体ホテル」と呼ばれる民間の遺体安置施設も増えてきています。安置場所に困った場合は、選択肢として考えてみましょう。

大切なアドバイス 搬送の依頼で注意したいこと

病院が提携する葬儀社に遺体の搬送を依頼する場合、葬儀の施行まで依頼する必要はありません。遺体を安置した後、慎重に葬儀社を選びたいのであれば、「取り急ぎ搬送だけお願いします」とはっきり伝えましょう。

また、料金もしっかり確認する必要があります。あわてて判断してしまうと、相場よりも高い料金を請求され、トラブルになるかもしれません。先に見積もりを出してもらいましょう。一般的に搬送料金は距離によって加算されます。近距離（10㎞以内）では12,000～20,000円が相場です。

葬儀社との打ち合わせまでの手順

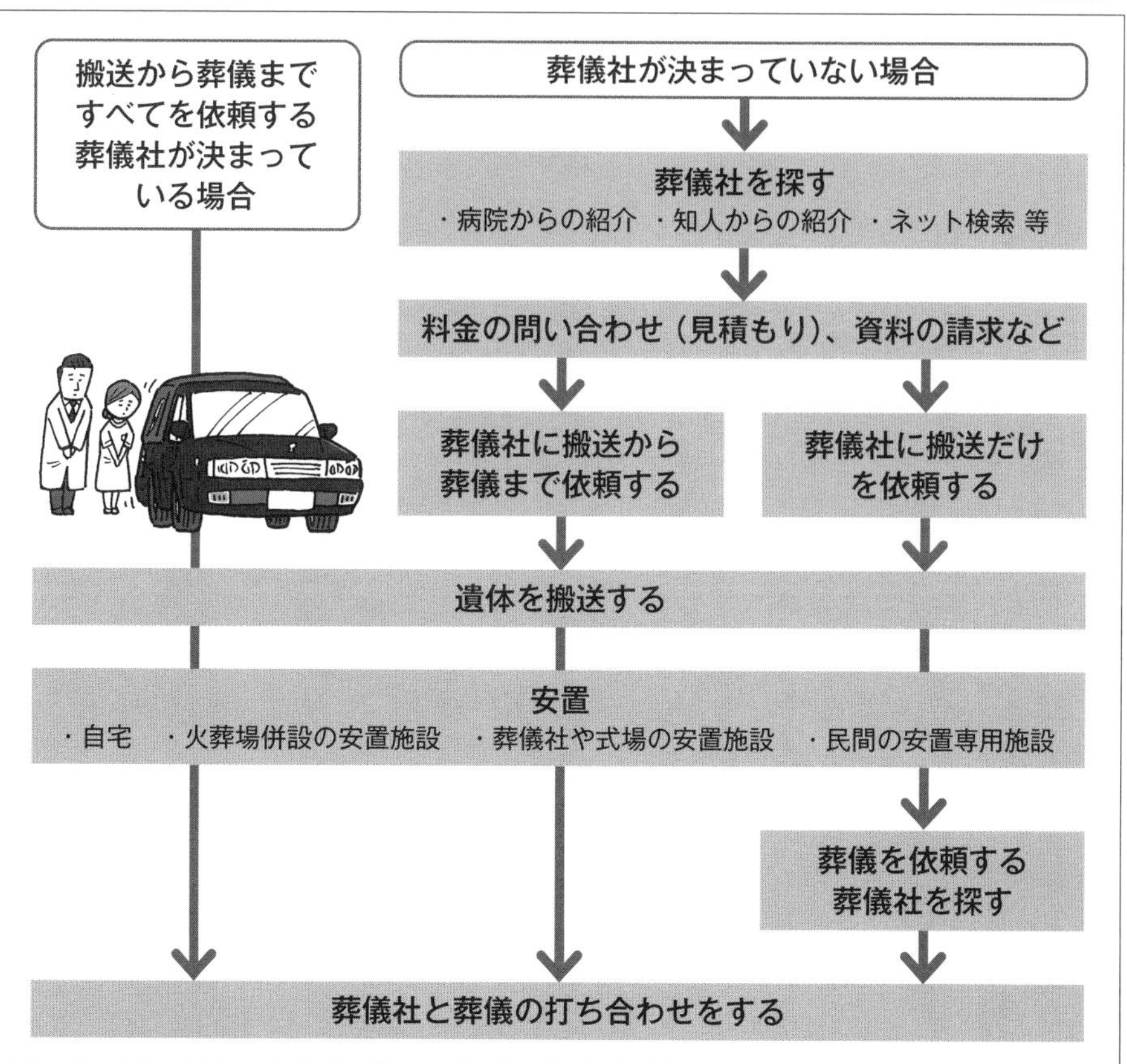

ノート　遺体を自宅に安置させる場合、エレベーターに棺が入るか、霊柩車を駐車できるスペースがあるかなど、建物や周辺施設についても気を配りましょう。

遺体の安置と作法

チェックポイント

□布団やベッド、シーツを用意し、遺体はできれば北枕にして寝かせる。

□仏式では、枕元に枕飾りを整え、僧侶にお経をあげてもらう。

北枕にして安置する

故人が自宅で亡くなったり、病院から遺体を自宅に帰した場合、納棺まで遺体を自宅で安置することになります。

仏壇がある場合は、仏壇のある部屋に安置し、仏壇がなければ、エアコンのある涼しい部屋に安置しましょう。

仏教（仏式）では頭を北、足を南に向けて寝かせます。住宅事情などで北枕にできない場合は、頭を西に向かせることもあります。

故人を寝かせる布団やベッド、シーツは家族が用意します。生前愛用していたものに新しい白いシーツをかけ、掛け布団は上下逆さにします。枕はなくてもかまいません。**ドライアイスや防水シートは葬儀社が手配してくれます**。

故人の顔には白い布をかけ、手は胸で組ませます。数珠は指にかけるか、手のそばに置きます。

掛け布団の上か、枕元には、「守り刀」という魔除けの刃物を置きます。剃刀やナイフ、ハサミなどが使われますが、最近は葬儀社が木刀を手配してくれることが多くなりました。

「枕飾り」を施し、「枕経」をあげてもらう

故人の枕元には「枕飾り」を施します。白木や白い布をかけた台に三具足（香炉、燭台、花立）、枕飯、枕団子、水を入れた湯飲みかコップ、仏具の鈴などを置きます。これらは葬儀社が用意してくれることが一般的です。枕飾りのろうそくと線香の火は絶やさないようにします。

枕飾りをしたら、僧侶にお経をあげてもらいます。これが「枕経」ですが、最近では省略して執り行わないケースもあります。

神式、キリスト教の場合

神道（神式）でも遺体の安置の作法は仏式とほぼ同じです。顔には白い布をかけ、手は胸で合掌させますが、数珠は持たせません。

神式の「枕飾り」は、生前好きだった食べ物（常饌（じょうせん））か、洗米、塩、水（生饌（せいせん））をお供えします。その他に、灯明（とうみょう）や榊（さかき）を飾ります。「枕飾り」を整えることを「枕直しの儀」といいます。

キリスト教では、枕の向きなどに決まりはありませんが、日本の慣習に従って北枕にすることが多くなっています。手には十字架を持たせます。枕元には燭台、十字架、白い花などを用意します。

詳しくは葬儀社や親しくしている神社、教会に相談しましょう。

仏式での遺体の安置と枕飾りの作法

●遺体の安置のしかた

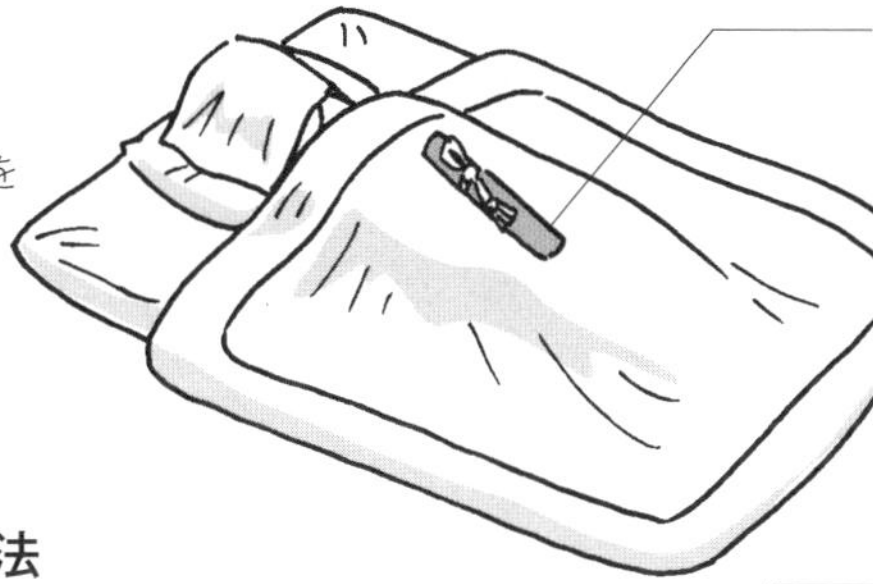

北枕
頭を北、足を南に向ける

守り刀
掛け布団の上か、枕元に、刃先を顔に向けないようにして置く

●枕飾りの作法

枕飯（まくらめし）
ご飯を高く丸く盛りつけ、中央にお箸を突き立てる

花立（はなたて）
樒（しきみ）をさしておくことが多い。花であれば控えめな色のものをさす

枕団子（まくらだんご）
団子の数は地域によって異なる（11個のところが多いが、東京では6個が一般的）

水
水道水をコップや湯のみに入れてお供えする

燭台（しょくだい）
火を絶やさないようにするが、火事の危険から、電気式のものを用いる場合もある

鈴（りん）と鈴棒

香炉（こうろ）
中央に1本の線香を立てる。香炉のそばに線香立てを置く

神道では死は「穢れ（けがれ）」として扱われるため、遺体を自宅に安置するときは神棚の扉を閉めて白い紙を貼ります。これを「神棚封じ」といいます。

死亡診断書と死亡届

チェックポイント

□ 医師から死亡診断書を受けとり、役所に死亡届を出す。

□ 死亡届の提出と同時に、死体火葬許可証の交付を受ける。

死亡診断書を受け取る

家族が亡くなったら、死亡届を役所に提出しなければいけません。死亡届を提出することにより、戸籍に死亡の事実が記載され、住民票が抹消されます。

死亡届の用紙は死亡診断書の用紙と一体になっており、右半分が死亡診断書（死体検案書）、左半分が死亡届になっています。

用紙は、市区町村役場の担当窓口でもらえますが、病院にも用意されており、**臨終に立ち会った医師や死亡を確認した医師に、死亡診断書を書いてもらいます**。自宅で亡くなった場合は、かかりつけ医、または死亡を確認した医師が必要事項を記入します。

事故死や突然死の場合は、医師や監察医による死体検案が行われ、死体検案書が交付されます。書式は死亡診断書と同じです。

死亡届は7日以内に提出する

医師から死亡診断書を受け取ったら、死亡届に必要事項を記入し、役所に提出します。**死亡した日（死亡を知った日）から7日以内の届け出が義務づけられています。**国外で亡くなった場合は3カ月以内となっています。

死亡届の提出先や届出人は決まっている

死亡届の提出先は、①届出人の所在地、②死亡した人の本籍地、③死亡した場所、のいずれかの市区町村役場の戸籍係となり、24時間365日受け付けてもらえます。ただし、夜間や休日の場合は受付のみとなり、実際の手続きは翌日以降となります。

死亡届を届け出る人は、①親族、②親族以外の同居者、③亡くなった人の家主、地主、家屋または土地の管理人、④後見人、保佐人、補助人、任意後見人の順になっています。

一般的には、葬儀社が届け出を代行してくれます。その場合、届出人と代行者の印鑑が必要です。

死体火葬許可証の交付を受ける

死亡届を市区町村役場に提出するとき、「死体火葬許可交付申請書」(名称は各市区町村で異なります)をあわせて提出し、「死体火葬許可証」を交付してもらいます。これによって火葬場の手配ができるようになるため、どの火葬場を予約するかを葬儀社と相談しておきましょう。なお、死後24時間以上経たないと火葬はできません。

死亡届が受理されると、死体火葬許可証がその場で交付されます。死体火葬許可証がないと、火葬場で遺体の火葬を受け付けてもらえません。

火葬終了後、死体火葬許可証には火葬済みの証印が押されて返却されます。これがそのまま「埋葬許可証」になります。埋葬許可証は納骨する際に必要になります。

また、分骨することが決まっているなら、火葬場の係員にその旨を告げ、必要な枚数の「分骨証明書」を発行してもらいましょう。

死産の場合は死産届を提出する

妊娠第12週以降の胎児を死産した場合、「死産届」を提出する必要があります。人工妊娠中絶の場合も同様です。届け先は、父母の住所地または分娩した場所の市区町村役場となります。

大切なアドバイス　死亡診断書・死亡届はコピーをとる

死亡届は役所に届け出た後に返却されないため、死亡届・死亡診断書は原本が手もとに残りません(医師などに依頼すれば再発行は可能です)。

葬儀後の諸手続きでは死亡届・死亡診断書の提出を求められるケースがあります。それに備え、あらかじめコピーを何枚かとっておくとよいでしょう。

また、手続きによってはコピーでの提出が認められない場合もあり、その場合は、市町村役場で死亡届の正式な写しである「死亡届の記載事項証明書」を発行してもらいましょう。

ノート　旅行先など、遠方で亡くなった場合は、現地の医師に死亡診断書を発行してもらい、死亡届も現地の役所に提出します。

死亡診断書の手配から納骨までの流れ

医師に死亡診断書（死体検案書）を書いてもらう
※死亡届の用紙の右半分が死亡診断書（死体検案書）になっている

↓ 死亡を知った日から７日以内

市区町村役場に死亡届と死体火葬許可交付申請書を提出する
※葬儀社が届け出を代行することが多い
※死体火葬許可交付申請書は役場の窓口に備えられていることが多く、その場で記入して提出する。ただし、火葬場の記入が必要になるため、あらかじめ火葬場を決めておく

↓

死体火葬許可証が発行される

↓

火葬場の職員に死体火葬許可証を渡す

↓

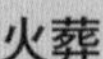

火葬
※死後 24 時間以上経っていること

↓

埋葬許可証が発行される
※分骨が決まっていれば、分骨証明書を発行してもらう

↓

墓地の管理者に埋葬許可証を渡す

↓

納骨

死亡届の記入例

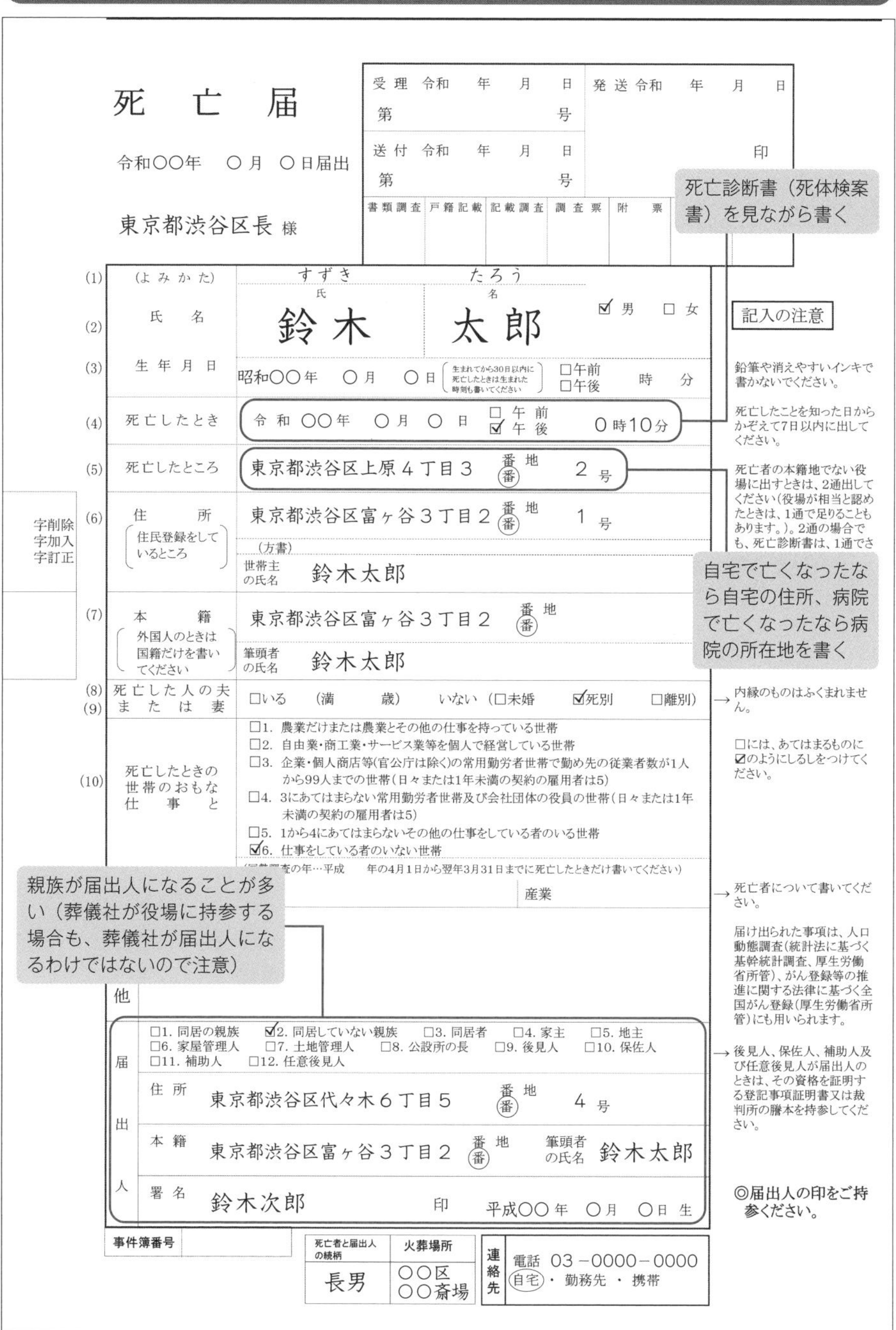

死　亡　届

令和○○年　○月　○日届出

東京都渋谷区長 様

受理　令和　年　月　日　第　号
送付　令和　年　月　日　第　号
発送　令和　年　月　日　印
書類調査　戸籍記載　記載調査　調査票　附票

死亡診断書（死体検案書）を見ながら書く

(1) （よみかた）　すずき　たろう
(2) 氏名　氏 鈴木　名 太郎　☑男　□女
(3) 生年月日　昭和○○年　○月　○日（生まれてから30日以内に死亡したときは生まれた時刻も書いてください）□午前 □午後　時　分
(4) 死亡したとき　令和○○年　○月　○日　□午前 ☑午後　0時10分
(5) 死亡したところ　東京都渋谷区上原4丁目3　番地 番　2号
(6) 住所（住民登録をしているところ）　東京都渋谷区富ヶ谷3丁目2　番地 番　1号
（方書）
世帯主の氏名　鈴木太郎
(7) 本籍（外国人のときは国籍だけを書いてください）　東京都渋谷区富ヶ谷3丁目2　番地 番
筆頭者の氏名　鈴木太郎
(8)(9) 死亡した人の夫または妻　□いる（満　歳）　いない（□未婚　☑死別　□離別）
(10) 死亡したときの世帯のおもな仕事と
□1. 農業だけまたは農業とその他の仕事を持っている世帯
□2. 自由業・商工業・サービス業等を個人で経営している世帯
□3. 企業・個人商店等（官公庁は除く）の常用勤労者世帯で勤め先の従業者数が1人から99人までの世帯（日々または1年未満の契約の雇用者は5）
□4. 3にあてはまらない常用勤労者世帯及び会社団体の役員の世帯（日々または1年未満の契約の雇用者は5）
□5. 1から4にあてはまらないその他の仕事をしている者のいる世帯
☑6. 仕事をしている者のいない世帯
（国勢調査の年…平成　年の4月1日から翌年3月31日までに死亡したときだけ書いてください）
産業
他

字削除
字加入
字訂正

自宅で亡くなったなら自宅の住所、病院で亡くなったなら病院の所在地を書く

親族が届出人になることが多い（葬儀社が役場に持参する場合も、葬儀社が届出人になるわけではないので注意）

届出人
□1. 同居の親族　☑2. 同居していない親族　□3. 同居者　□4. 家主　□5. 地主
□6. 家屋管理人　□7. 土地管理人　□8. 公設所の長　□9. 後見人　□10. 保佐人
□11. 補助人　□12. 任意後見人
住所　東京都渋谷区代々木6丁目5　番地 番　4号
本籍　東京都渋谷区富ヶ谷3丁目2　番地 番　筆頭者の氏名　鈴木太郎
署名　鈴木次郎　印　平成○○年　○月　○日生

事件簿番号

死亡者と届出人の続柄	火葬場所
長男	○○区 ○○斎場

連絡先　電話 03－0000－0000　自宅・勤務先・携帯

記入の注意

鉛筆や消えやすいインキで書かないでください。

死亡したことを知った日からかぞえて7日以内に出してください。

死亡者の本籍地でない役場に出すときは、2通出してください（役場が相当と認めたときは、1通で足りることもあります。）。2通の場合でも、死亡診断書は、1通でさ

→内縁のものはふくまれません。

□には、あてはまるものに☑のようにしるしをつけてください。

→死亡者について書いてください。

届け出られた事項は、人口動態調査（統計法に基づく基幹統計調査、厚生労働省所管）、がん登録等の推進に関する法律に基づく全国がん登録（厚生労働省所管）にも用いられます。

→後見人、保佐人、補助人及び任意後見人が届出人のときは、その資格を証明する登記事項証明書又は裁判所の謄本を持参してください。

◎届出人の印をご持参ください。

お葬式の案内をする

チェックポイント

- □ 訃報通知は葬儀に出席してほしい人に出す。
- □ 家族葬を行った場合などは、故人の友人などに葬儀終了の通知状を出す。

通夜・告別式の案内を出す

葬儀（通夜・告別式）の日程などが決まったら、参列してもらいたい人に連絡します。**葬儀までに余裕があれば、郵送やファックスで案内を出します。**これを「訃報通知」といいます。

訃報通知の文面は葬儀社が用意してくれます。基本的には、故人の名前と逝去した日、通夜・告別式の日時と場所、喪主の氏名などを簡潔に書いて知らせます。

葬儀を仏教（仏式）以外、神道（神式）やキリスト教式、あるいは

訃報通知の例

葬儀までに日程的に余裕があれば郵送する
訃報通知には下記の①～⑤の要素を入れるのが一般的
※一般的に文面には句読点を入れないものが多い

①
父　○○儀　かねてより療養中でしたが
○月○日に逝去いたしました

②
ここに生前のご厚誼を感謝し　謹んで御通知申し上げます
通夜・告別式は仏式にて左記の通り執り行います

記

③
日時　通夜　○年○月○日　午後六時～七時
告別式　○年○月○日　午前十一時～十二時
場所　○○葬祭センター　セレモニーホール○○
○○区○○町○○　電話番号　○○○○○○○○

④
なお　ご香典やご供花などのご厚情につきましては　故人の遺志によりご辞退させていただきたくお願い申し上げます

⑤
令和○○年○月○日
○○県○○市○○町○−○−○
喪主　○○　○○

①故人の続柄と名前（「儀」は「に関して」「のこと」という意味）、逝去した日

②生前の親切への感謝

③通夜・告別式の日時と場所と電話番号

④香典や供花などを辞退したい場合は、その旨を記載

⑤案内を出した日付と喪主の住所と氏名

無宗教葬などで行う場合には、訃報通知にもそのことを書き加えておきましょう。また、香典や供花（きょうか）などを辞退したい場合には、故人の遺志や遺族の意向により辞退する旨を記載します。

葬式の事後通知を出す

家族葬の場合は、訃報通知を出すことはありません。しかし、故人の友人・知人、会社関係の人などには、葬儀後に、逝去と、葬儀が終わったことを知らせる通知状を出します。

後日、「なぜ知らせなかったのか」と責められるようなトラブルを避けるためにも、誠実な報告は大切です。連絡が遅くなったことについて、お詫びの言葉を添えるとよいでしょう。

葬儀後に通知を出す場合の例

家族葬などを済ませ、訃報通知を出さなかった人に通知状を出す場合の文例。葬儀を終えて１～２週間以内に出すのが目安（四十九日の法要を終えてからのケースもある）

①父　○○儀　病気療養中のところ　去る○月○日　○○歳にて
逝去いたしました

②早速お知らせ申し上げるべきところでございましたが
御通知が遅くなりましたことを深くお詫び申し上げます

③葬儀は○月○日に近親者にて滞りなく相済ませました

④ここに謹んで御通知申し上げますとともに　生前長年にわたり
賜りましたご厚情に心より御礼申し上げます

⑤尚　御香典や御供花につきましてもご辞退させていただきたく
お願い申し上げます

⑥令和○○年○月○日

○○県○○市○○町○−○−○
喪主　○○　○○

①故人の続柄と名前、逝去した日

②通知が遅くなったことのお詫び

③葬儀を済ませたことの報告

④生前の親切への感謝

⑤香典や供花などを辞退したい場合は、その旨を記載

⑥通知を出した日付と喪主の住所と氏名

ノート　供花は「きょうか」もしくは「くげ」と読みます。どちらの読み方でも意味は通じます。供花には、故人の霊を慰めるとともに祭壇を飾る意味合いがあります。

Column

「喪中」と「忌中」

「喪中はがき」などで使われる「喪中」という言葉は、近親者が亡くなって喪に服している期間であることを意味します。「喪に服す」とは、故人の死を悼み、社交的な行動やお祝いの場への出席を控えて身をつつしむことです。昔は喪中の期間が故人との関係によって細かく決められていましたが、現在では配偶者、父母、子といった関係にこだわらず、１年とするのが一般的になっています。

また、「忌中」という言葉もあります。こちらは近親者が亡くなってから49日間（神道では50日間）の期間を指します。忌中の間は、故人が無事に死後の世界に旅立つことを祈ると同時に、穢れを外に持ち出さないよう、外部との接触や神事を避けます。これは、死を穢れとする神道の考えがもとになっているといわれています。

忌中は故人の成仏を祈るための期間、喪中は故人を失った悲しみを乗り越えるための期間ととらえることもできるでしょう。故人を偲ぶという意味では、忌中も喪中も変わりがありません。忌中は喪中の一期間と考えてもよいでしょう。現代では、死を穢れとする考え方も薄れてきています。最近では忌中を過ぎれば、結婚式などの出席を控える必要はないという考え方もあります。

喪に服す期間やそのやり方は人それぞれです。例えば、一般的に喪に服すのは２親等までとされていますが、故人がお世話になった人であったり、大切な人であったりした場合、喪に服すのは親等にかかわらず個人の自由です。大切なことは自分が納得するまで故人を偲ぶことです。

第2章

葬儀と お墓について

一般葬と家族葬の違い

チェックポイント

□最近では参列者を少人数にした家族葬が増えてきている。
□家族葬のメリットとデメリットを把握する。

家族葬が増えている

一昔前までは、葬儀といえば、家族、親戚、知人、近所の方々などたくさんの人が参加する「一般葬」が主流でした。しかし、現在ではシンプルで小規模のものが求められるようになり、「家族葬」を選ぶ人が増えています。

家族葬でも、1日目に通夜、2日目に告別式といった葬儀の流れは一般葬と変わりません。大きく違うのは参列者の数で、**身内と親戚、親しかった友人などの少人数で執り行うのが特徴です**。

家族葬なら故人をゆっくり偲(しの)べる

家族葬は身内と親しい人のみで行われるため、故人をゆっくり偲ぶことができます。これが家族葬の大きなメリットです。

家族葬でもいろいろと労力は必要ですが、一般葬と比較すると、準備や当日の対応に費やす時間は少なくなります。その分、故人との最後の時間をたくさんもつことができます。

また、世間体を気にする必要もないため、自由に葬儀の内容を決めることができます。葬儀に関わるもので遺族が不要と思うものは省くことができるため、費用も抑えることが可能です。

葬儀の形式も、故人の遺志や遺族の希望を優先できるため、近年は無宗教葬（自由葬）を選ぶ人もいます。ただし、その場合は、菩提寺(ぼだいじ)や親族と事前に話し合いましょう。

家族葬のデメリットを知っておこう

家族葬が広く知られるようになったとはいえ、やはり葬儀にはたくさんの人に集まってもらいたいと考える人や、身内でなくても葬儀に参列したいと思う人もいるでしょう。家族葬を選ぶ場合は、のちにトラブルが起きないよう、関係者には事前に連絡して理解を求めておく必要があります。**「家族葬のため、会葬はお断りしています」とはっきり伝えましょう。**

また、手紙などで逝去と葬儀の事後報告をする場合は、連絡が遅くなったことのお詫びの言葉を添えて、丁寧に説明しましょう。家族葬は参列者が少ない代わりに、葬儀後に弔問に訪れる人が多くなることも予想されます。負担に感じるなら、時間が経ち、落ち着いてから連絡してもかまいません。

また、家族葬では香典を辞退するケースが多く、いただいたとしても総額は少なくなります。そのため、葬儀の費用が賄えないことも考慮しましょう。

一般葬と家族葬の比較

	一般葬	家族葬
参列者	家族、親戚に加え、故人と関係があった人が多く参列する	家族、親戚、親しかった友人のみの少人数で行う
葬儀の形式	しきたりや慣習が重視される	世間体を気にすることなく比較的自由な形式を選べる
葬儀の準備・対応	訃報の通知など、準備の負担が大きい。当日は参列者の対応で忙しくなる	準備にかかる負担が少ない。当日の対応も、それほど気をつかわないで済む
香典と香典返し	香典をいただくのが一般的。四十九日の後に香典返しを送る	香典返しの負担を減らすため、香典を辞退するケースが多い
葬儀後の弔問対応	多くの人が参列することで、葬儀後に訪れる弔問客が少なくなる	葬儀に参列しなかった人が、葬儀後に弔問に訪れることが多い
葬儀の費用	葬儀に関わるすべてを手配する必要があるため、その分費用は高額になりがち	遺族が不要だと思えるものは省くことができるため、費用を抑えられる

ノート　「家族葬」という呼び名はもともと、葬儀社のプラン名として登場して広まり一般化しました。家族葬と同様に近親者だけで行う「密葬」と意味はほぼ同じです。

一日葬や直葬を選ぶ

チェックポイント

- □ 儀式を省くことで、費用や時間の負担を減らすことができる。
- □ まだ一般的ではないので、周囲の理解を得る必要がある。

よりシンプルな形式を選ぶ傾向がある

近年、「家族葬」よりもシンプルな形式の「一日葬」や「直葬」といったお葬式も増えてきています。選択肢は多くなりましたが、それぞれにメリット、デメリットがあります。各々の事情に合わせて検討してみましょう。

一日葬では通夜を行わない

一般葬や家族葬では、通夜で1日、告別式と火葬で1日の、計2日にわたって葬儀が執り行われます。一方、一日葬では、少人数で行うことにより通夜を省き、**通常2日かかる葬儀を1日で終わらせることができます**。遺族のみで行われることが多く、時間や費用といった負担を軽減することができるのがメリットです。

一日葬の流れは通夜がないだけで、通常の葬儀・告別式と変わりません。

直葬では通夜・告別式を行わない

通夜・告別式などの宗教儀式を行わず、**火葬のみで故人を送るのが「直葬」で、「火葬式」ともいいます**。

直葬における一番のメリットは、費用が抑えられることです。直葬では式場を使わず、遺体の搬送や棺、火葬料といった最低限の費用で執り行うことができるため、経済的に困窮している場合でも葬祭扶助の範囲内で行えます。

葬儀にかかる時間も短いため、時間的な負担も軽減できます。

できるだけ費用を抑えたい場合、菩提寺（ぼだいじ）もなく宗教的なこだわりもない場合、あるいは、火葬をしてから故人の故郷の菩提寺で本葬をする場合などで、直葬を選ぶ人も増えてきています。

一日葬や直葬は周囲の理解を得てから

一日葬や直葬は一般のお葬式とは違うものだと見られがちで、周囲の理解を得られない可能性があります。仏式の葬儀では通夜、葬儀・告別式という流れが正式なものなので、お寺によっては難色を示すことがあります。**菩提寺には事前に連絡を入れ、事情を説明して、意見を聞きましょう**。また、家族葬と同様、トラブルを避けるため、**故人の関係者にも事前に相談し、理解を求めましょう**。

一日葬や直葬は葬儀の日程を一日に集約できる反面、故人とのお別れの時間も短くなります。特に直葬は、故人を見送ったという実感が得にくいこともあります。よく考慮したうえで選択しましょう。

一般的な直葬の流れ

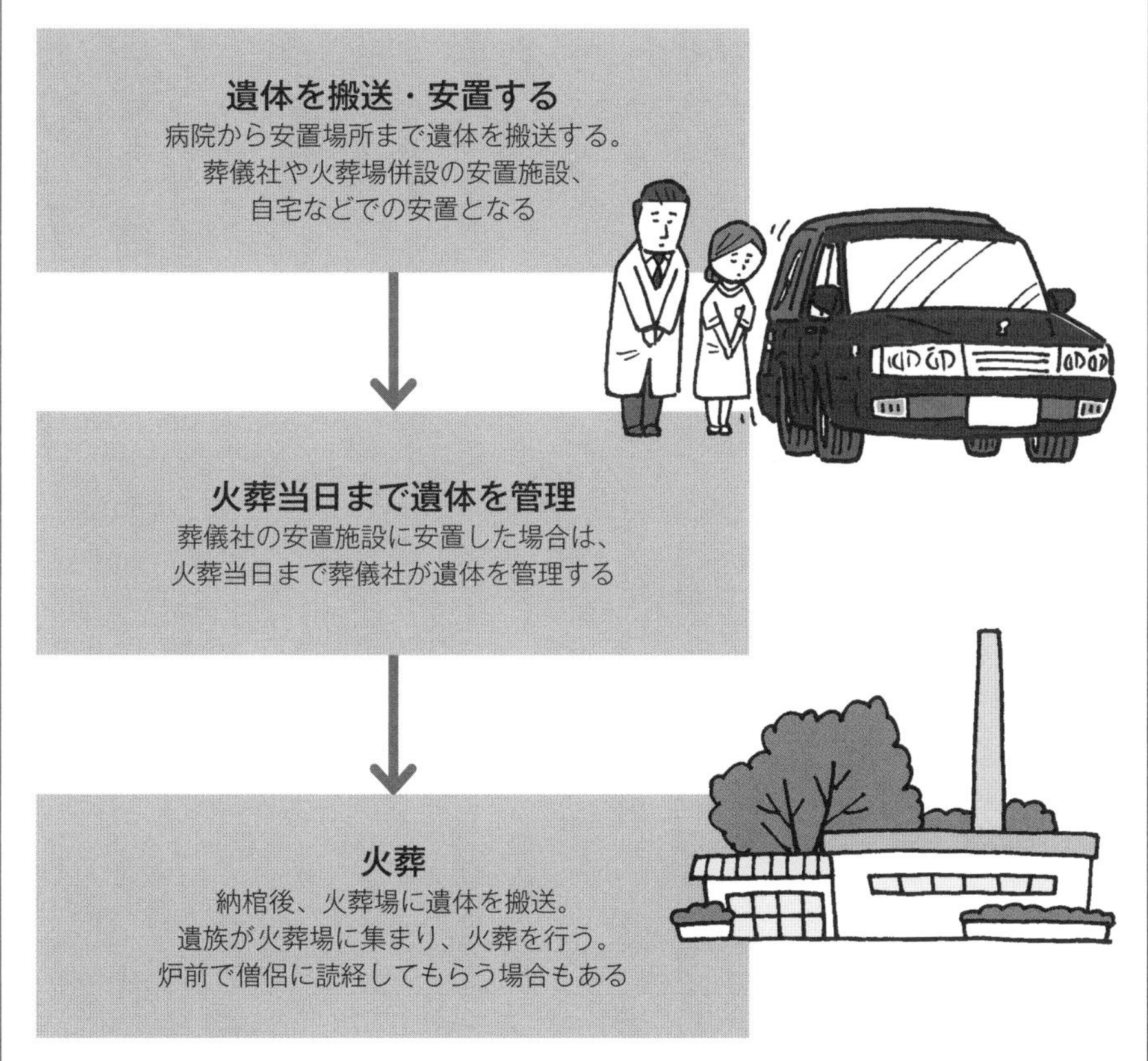

ノート
葬祭扶助は、生活保護を受けているなど、経済的に困窮している人に、国から支給されるお金です。申請先は市町村の役所あるいは社会福祉事務所になります。

3 その他の葬儀のかたち

チェックポイント
- □ お別れ会の形式は自由に選ぶことができる。
- □ お世話になった人に直接感謝を伝えるなら、生前葬もよい。

生前葬を開く

生きている間に葬儀をする「生前葬」も広く知られるようになりました。

生前葬では、親しい人やお世話になった人に直接感謝の言葉を伝えられますし、自分の好きなかたちの葬儀を作り上げることもできます。人との関わりを大切にする人や、葬儀にも「個性」を出したい人に向いています。

生前葬を行った場合、実際の葬儀は遺族のみで行う場合がほとんどになります。

お別れ会を開く

「家族葬」や「一日葬」「直葬」といった少人数で行う葬儀の後、故人と縁のあった方々を集めて行うのが「お別れ会」です。お別れ会を行うタイミングは、一般的に葬儀の2週間後から2カ月後とされていますが、様々な考え方がありますので、葬儀社などに相談するとよいでしょう。

お別れ会は自由なスタイルが選べる

お別れ会では、会食などを行いながら個人を偲(しの)びます。会のスタイルや会場、服装などは自由に考えてかまいません。故人の意向があった場合はそれを尊重しましょう。宗教儀礼の有無も自由で、最近は無宗教のものが多くなっています。

会場はホテルの宴会場やレストランなどが代表的です。

費用については、会費制（1万〜2万円が一般的）とし、香典を辞退するケースが多く見られます。その場合は案内状などで事前に香典を辞退する意向を伝えておきましょう。

大切なアドバイス　友人・知人が主催する場合

故人を偲ぶため、友人・知人や職場の親しい人が有志となってお別れ会を主催する場合もあります。

最近では家族主催によるものを「お別れ会」、友人・知人が主催するものを「偲ぶ会」ということもありますが、大きな違いはありません。

友人・知人が主催する場合、最も大切なことは遺族の了承を得ることです。遺族に配慮し、相談しながら、計画を進めましょう。会のスタイルや規模なども、遺族の意向にそうかたちにしましょう。

お別れ会の流れの例

受付
↓
開場
↓
献花
↓
開会
↓
黙祷
↓
主催者挨拶・献杯
↓
会食
↓
エピソード紹介など
↓
主催者謝辞
↓
閉会

その他の葬儀のかたちとして、会社が主催して執り行われる「社葬」があります。社葬では喪主が遺族、施主（葬儀の費用や運営を担う人）を会社が担います。

墓地の種類

チェックポイント

□ **墓地の種類はその経営主体によって3つに分類される。**
□ **それぞれのメリット・デメリットを知り、条件に合うものを選ぶ。**

墓地として使用する権利を買う

「お墓を買う」とよくいわれますが、実際はその土地を買うわけではなく、「墓地として使用する権利を買う」ことになります。

この権利を「永代使用権」といい、子孫が受け継いでいくことができますが、第三者に売ることはできません。

購入時に永代使用料を支払い、そのあとは管理料などを支払っていくことになります。

墓地として使用する権利を買い、その土地に墓石を買ってお墓を建てることが、お墓を買うということになります。

墓地は大きく分けて3種類

墓地はその経営主体によって大きく3種類に分けられます。

お寺に付属している墓地は「寺院墓地」といい、お寺が管理しています。お寺にお墓がある場合は、使用料やお布施を支払う必要があります。

宗教法人などが経営主体となり、**石材店や開発業者などの民間会社が管理しているのが「民間（民営）墓地」です。**基本的には、宗教や国籍にかかわらず、どんな人でも利用できます。施設が充実しているケースが多いですが、一方で倒産のリスクもあります。

地方自治体が管理する墓地が「公営墓地」です。民間墓地や公営墓地は「霊園」と呼ばれることもあります。財政的な基盤が安定しているため、土地使用料や管理費が比較的安価になります。信仰する宗教による制限もありません。そのため人気が高く、競争率が高くなったり、その自治体に居住していることが利用の条件になったりもします。

墓地の種類とメリット・デメリット

経営主体	メリット	デメリット
寺院墓地 お寺や宗教法人が管理	・お寺に付属しているため、住職に法要のことなどを相談しやすい ・お寺で供養していただくことへの安心感がもてる	・その寺院の檀家になることが前提。檀家として経済面などで寺院を支える必要がある ・お墓を継承する人がいなくなると、無縁墓として処分されることもある
民間（民営）墓地 石材店や開発業者などの民間会社が管理	・一般的には信仰や国籍を問わず利用できる ・サービスや設備が充実している場合が多い	・お寺の住職など宗教者は常駐していない ・人気が高い場合はすぐに売り切れになることが多い ・倒産などによる閉鎖のリスクがある
公営墓地 都道府県や市区町村などの地方自治体が管理	・信仰する宗教による制限はない ・永代使用料や管理費などが比較的安価な傾向にある ・閉鎖のリスクがほぼない	・人気が高い場合は抽選に受からないと利用できない ・その自治体に居住していないと利用できないなどの制限がある

墓埋法（墓地、埋葬等に関する法律）の成立（1948年）以前からその地域に存在した墓地など、上記3種類に当たらない「みなし墓地」や「共同墓地」もあります。

自分たちに合ったお墓を選ぶ

チェックポイント

- □継承の必要があるかどうかでお墓のかたちも変わる。
- □それぞれのお墓の特徴を比較吟味し、適当なものを選ぶ。

近年のスタイルも選択肢に入れる

一般的に「お墓」といって想像されるものは、「○○家の墓」や「先祖代々の墓」と銘が入れられた「家」のお墓、「家墓」（累代墓）です。

しかし、近年の少子化や晩婚化、核家族化などの影響で、お墓も様々なスタイルのものが生まれています。お墓を選ぶときには、それぞれの特徴を確認し、どのお墓が自分たちに合ったものなのか、家族などでよく話し合いましょう。

継承者を必要とするお墓

お墓は継承が必要かどうかで分けることもできます。

継承が必要なお墓は先に述べた家墓のほかに、「両家墓」があります。両家墓は一人っ子同士が結婚した場合などに選ばれます。**両家のお墓を合わせてひとつにすることで、お墓を管理する負担を軽減できます。**

「○○家、□□家の墓」と並列してお墓に銘を入れる、2つの石碑を並べて建てるなど、様々なスタイルがあります。

継承者が不要なお墓

お墓を継承する人がいなかったり、お墓の維持などで子どもに負担をかけたくない場合に選ばれるのが、継承が不要なお墓です。

近年注目されているのが、継承者がいなくても、お寺や管理者が管理・供養を行ってくれる「永代供養墓」です。

永代供養墓を選んだ場合、一般的な家墓を建てるより、費用は抑えられます。

永代供養墓で一般的なのが「合祀墓」や「合葬墓」といわれるか

たちで、他家の人の遺骨といっしょに墓所内に埋葬されます。これは個人でも夫婦でも入ることができます。

　また、永代供養墓には、骨壺を安置し、一定期間が過ぎた後、遺骨が合祀されるものや、次ページで紹介する「納骨堂」のほか、それぞれの遺骨のスペースに小さい石塔などを建て、それらを集めたものなどもあります。

　その他には、1人で入る「個人墓」や、夫婦2人のお墓である「夫婦墓」もあります。これらも継承を前提としないため、形式としては永代供養のかたちをとることが多くなります。

　また、血縁はないが共同で生活をしていた人や、共通の思想や宗教観をもった人たちが集まって入る「共同墓」もあります。

主なお墓の種類

継承者を必要とするお墓

家墓（累代墓）

それぞれの「家」で代々受け継がれてきたお墓。「○○家の墓」や「先祖代々の墓」と銘が入れられたものが多い

両家墓

2つの「家」のお墓を両家の了承のもとにまとめたもの。「○○家、□□家の墓」と並列して銘を入れる、2つの石碑を並べて建てるなど、様々なスタイルがある

継承が不要なお墓

永代供養墓

「合祀墓」や「合葬墓」ともいう。他家の人の遺骨といっしょに墓所内に埋葬される。お寺や管理者が管理・供養を行ってくれる

個人墓

1人で入るお墓。一定の契約期間後は、永代供養墓に入ることがほとんど

夫婦墓

夫婦2人で入るお墓。一定の契約期間後は、永代供養墓に入ることがほとんど

子供など継承者がいて、永代供養墓を選ぶ場合は、本人の希望だけでなく、残される家族とよく話し合ってトラブルにならないようにしましょう。

お墓を建てずに納骨堂を選ぶ

チェックポイント

□ 納骨堂は費用や利便性の点で人気が高まっている。

□ 納骨堂の使用は期間契約となる。

新しいお墓のかたちとして注目されている

納骨堂はもともと、お墓を建てるまでの期間、お寺の中で遺骨を預けておく場所でした。

しかし、近年ではお墓の継承者がいないなどの問題から、1代や2代に限って利用できる新しいお墓として注目されており、その数も増えています。

納骨堂のタイプもロッカータイプ、仏壇タイプ、位牌(いはい)タイプなど様々なものがあります。施設を事前に見学させてもらうなどして、気に入ったものを選びましょう。

一般のお墓より安価で利便性もよい

納骨堂は使用料と年間管理料がかかりますが、遺骨だけを収納する施設のため、一般のお墓よりも安価となります。これが大きなメリットです。費用については施設によって違い、使用料や年間管理料などかかることもあるため、事前に問い合わせましょう。

使用の申し込みをするときには、利用期間を選択します。**多くの場合、三回忌、十三回忌、三十三回忌など法要の節目に合わせたプランとなり、その後は永代供養墓(えいたいくようぼ)などに合葬されます。**そのため、継承者がいない人でも安心して利用できます。

納骨堂も一般の墓地と同じように寺院、民間、公営のものがあります。都心部や駅の近くなどアクセスのよい場所にあるものも多く、高齢などでお墓参りが負担になってきた人でも気軽にお参りに行けます。

また、屋内にあるため天候を気にすることもなく、お墓の掃除や手入れの必要もありません。

お墓は必要ないが、故人を偲(しの)ぶ場所はほしいと考えている人に向いているでしょう。

代表的な納骨堂のタイプ

ロッカータイプ

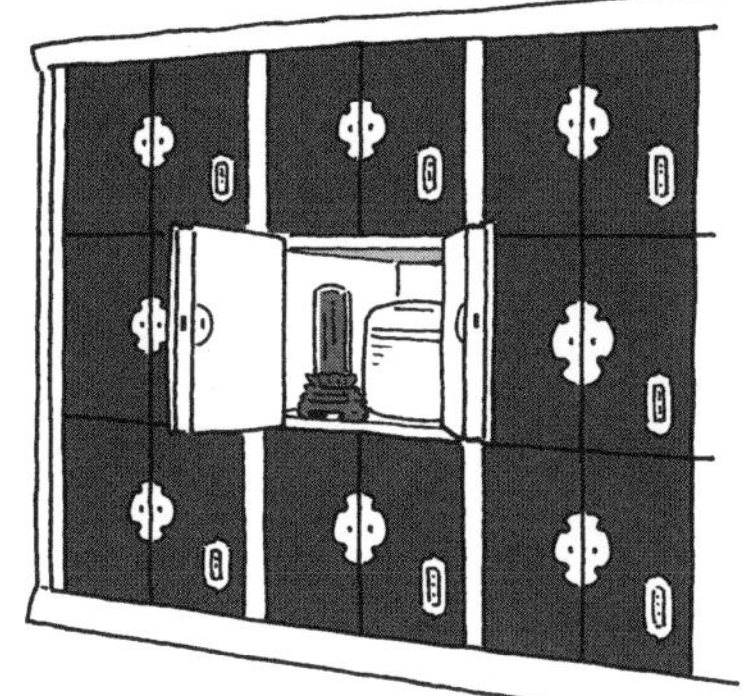

・コインロッカーのようなかたちをした棚に骨壺を納めるようになっている
・骨壺を納めるスペースだけのシンプルなものが多い
・料金は比較的安い

仏壇タイプ

・仏壇のスペースと骨壺を納めるスペースがセットになっている
・仏壇のスペースに遺影を飾ったり、お花などもお供えできる
・料金は比較的高い

位牌タイプ

・たくさんの位牌が並べて置かれている
・位牌にお参りをするが、骨壺は別の場所で保管されているものと、位牌と骨壺を納めるスペースがセットになっているものとがある
・料金は納骨堂のなかでは最も安いものが多い

機械式タイプ

・機械操作によって、遺骨箱が自動的にバックヤードの収納場所からお参りのスペースに移動してくる（自動搬送式）
・収納場所にはたくさんの遺骨箱がまとめて納められている
・料金は比較的高い

納骨堂は室内でスペースも小さいため、お花やお線香が禁止されていることもよくあります。また、大人数でのお参りだと、窮屈に感じることもあります。

散骨や樹木葬を選ぶ

チェックポイント

□ 自然回帰の考え方から、散骨や樹木葬などの選択肢も生まれている。
□ 散骨や樹木葬は許可を得た場所で行う必要がある。

亡くなった後は自然に還るという考え方

遺骨は骨壺に入れられ、お墓や納骨堂に納められるものと考える人は多いでしょう。しかし一方で、亡くなった後は生態系の循環の中で、自然に還りたいと考える人もいます。そのような人に人気なのが、散骨や樹木葬といった、いわゆる「自然葬」です。

散骨ができる場所を探す

散骨とは、火葬の後、遺骨を粉末にして、主に海へ撒くことです。海に散骨することは「海洋葬」ともいいます。

散骨では、墓地や墓石の購入、お墓の管理費などが不要となり、費用の負担が少なくなります。

注意したいことは骨を撒く場所です。散骨について明確な法律はありませんが、地方自治体によっては、散骨を禁止したり規制したりしているところもあるので気をつけましょう。

海洋葬を行う場合は、人が集まる海岸などは避けるべきです。船で外洋に出て、漁場からも離れたところで遺骨を撒くことがほとんどです。

山林に散骨する場合は、土地の所有者の許可が必要です。たとえ自分が所有する土地であっても、周辺住民から苦情が出る可能性もあります。また将来、土地の買い手が見つからなくなるという問題が発生するかもしれません。

様々なトラブルを避けるためにも、**散骨を依頼できる葬儀社や散骨専門業者にまず相談し、適切な場所を探してもらうのがよいでしょう。**

散骨では、遺骨のすべてを自然に還してしまうと、遺族の手もとには何も残りません。一部を残すことなど、慎重に検討しましょう。

樹木葬ができるのは許可された場所だけ

樹木葬とは、墓標としての樹木(シンボルツリー)の根もとに遺骨を埋葬するものです。ただし、**寺院や霊園などの墓地として許可された場所にしか埋葬できません。**

樹木葬には2つの埋葬方法があります。ひとつは遺骨を自然に還る素材の袋などに入れて(あるいはそのまま)埋葬する方法です。遺骨がいずれ土に還り、樹木の養分として吸収されるイメージです。

もうひとつは、遺骨を骨壺に入れて埋葬する方法です。後に改葬することになった場合にも、遺骨をとり出すことができます。

また樹木葬には、遺骨をそれぞれ個別に埋葬するタイプと共同で埋葬するタイプなどがあります。

散骨や樹木葬のイメージ

散骨のタイプ

船をチャーターして行う
・船を一隻貸し切るため、ゆっくりと故人とのお別れができる
・費用は目安として20万円以上

数家族合同で行う
・複数の家族が乗船し、乗り合いで行う
・費用は目安として10万円から

すべてに業者にまかせる
・遺族の立ち会いもなく、遺族に代わって、葬儀社や散骨専門業者が遺骨を預かり海へ撒く
・費用は目安として5万円から

樹木葬のタイプ

遺骨をそれぞれの区画に個別に埋葬する

遺骨を共同の大きなスペースに埋葬する

ノート　インドネシアの一部で行われている風葬や、チベット仏教やゾロアスター教で行われる鳥葬も「自然葬」のひとつと考えられます。

8 改葬を行う

チェックポイント

□改葬とはお墓の「引越し」のこと。
□「改葬許可申請書」「改葬許可証」など様々な書類と手続きが必要。

改葬するときは親族や菩提寺（ぼだいじ）と相談して

「改葬」とはお墓を今ある場所から別の場所に移すことで、いわば、お墓の「引越し」です。墓石ごと移す方法や、遺骨だけ移す方法があります。

転居などでお墓が遠方にあり、管理やお墓参りができないため、居住地の近くにお墓を移したい、といった理由で改葬するのが一般的です。ただし、改葬を行うことは周囲への影響も大きいので、親族や菩提寺と相談し、理解を得たうえで手続きを進めましょう。

改葬に必要な様々な書類と手続き

改葬については法律的な手続きが定められています。

新しいお墓の「受入証明書」や「使用許可証」を得たら、**現在のお墓がある市町村役場で「改葬許可申請書」と「埋葬証明書（納骨堂の場合は収蔵証明書）」を入手し、現在のお墓の管理者に記名・押印してもらいます。**

それらの書類一式を現在のお墓がある市町村役場に提出すると、「改葬許可証」が発行されます。

「改葬許可証」は、新しいお墓や納骨堂に納骨する際、その管理者に提出します。

旧墓地は更地（さらち）にしてお寺に返却する

お墓を移す際には、以前の墓石に対し「閉眼供養（へいがんくよう）」を行い、魂を抜きます。同様に、新しいお墓には「開眼供養（かいげんくよう）」を行います。

古いお墓は更地にもどしてお寺に返すのが一般的です。お墓を移すということは、以前のお寺の檀家（だんか）を辞めるということですので、お寺から「離檀料（りだんりょう）」を請求されることがあります。

改葬に必要な書類と手続きの例

親族や墓地の管理者（菩提寺）と相談する
丁寧に説明して理解を得る

新しいお墓（または納骨堂）を購入する
新しい墓地の管理者に「受入証明書」や
「使用許可証」を発行してもらう

現在のお墓がある市区町村役場で「改葬許可申請書」と「埋葬証明書（納骨堂の場合は収蔵証明書）」を入手する
「改葬許可申請書」と「埋葬証明書」は一体となっていることが多い

「改葬許可申請書」に必要事項を記入し、現在のお墓の管理者に「埋葬証明書（収蔵証明書）」へ記名・押印してもらう

「受入証明書」（または「使用許可証」）とあわせて、書類一式を現在のお墓がある市区町村役場へ提出する
遺骨１体に１通が原則だが、通常は故人の名を書き連ねていく書式が多い

「改葬許可証」が発行される
改葬の許可権限は遺骨が埋蔵されたお墓の市区町村長が有する

遺骨を取り出して引き取る
「閉眼供養」の後、お墓を更地にして返還する

新しいお墓の管理者へ「改葬許可証」を提出する
「開眼供養」を行い、納骨する

「離檀料」は、今までお世話になった菩提寺に対して、感謝の気持ちを示すためのお布施です。「閉眼供養」のお布施をもって離檀料とするお寺もあります。

分骨を行う

チェックポイント
- □ 分骨とは故人の遺骨を分けて、複数の場所で供養すること。
- □ 手元供養（自宅供養）などの理由でも利用できる。

「分骨証明書」を発行してもらう

「分骨」とは、火葬後の遺骨を分け、複数の場所で供養することをいいます。遠くにあってお参りに行けないお墓の遺骨を、自宅近くの墓地や納骨堂に分ける場合などもあります。

役所の許可が必要な「改葬」に対し、**分骨は、お墓の管理者などが発行する「分骨証明書」があれば可能となります**。

「分骨は成仏できない」などというネガティブな説も聞きますが、仏教に基づくものではなく単なる迷信です。分骨は昔から行われている習慣ですので、気にする必要はまったくありません。

分骨のタイミングとそれぞれの手続き

遺体を火葬する段階で分骨が決まっていれば、火葬場で分骨証明書を発行してもらえます。あらかじめ葬儀社に相談しておきましょう。火葬が終わるとその場で遺骨を分けますので、骨壺は複数用意します。

墓地や納骨堂に納められた後に分骨を行う場合、分骨証明書はお寺の住職など、お墓の管理者に発行してもらいます。この際、お寺では「分骨式」という儀式を行うこともあります。分骨式のお布施は通常の法要と同じくらいと考えてよいでしょう。

新しい墓地に納骨する際は、分骨証明書は墓地の管理者に提出します。

手元供養でも分骨証明書をもらっておく

最近では、遺骨の一部を小さな骨壺やアクセサリーに入れ、身近な場所で保管する「手元供養（自宅供養）」というスタイルも知られてきました。

手元供養の場合、墓地へ納骨するわけではないため、分骨証明書は必要ありません。しかし後に、分骨した遺骨を納骨する必要が生じることもあります。

手元供養の場合でも、分骨証明書はもらっておいたほうがよいでしょう。

散骨でも分骨を利用できる

故人の遺志などで、海や山に遺骨を撒く「散骨」を選んだ場合、遺骨が手もとに残らず、故人を偲ぶ場所がなくなってしまうという問題があります。

解決方法として分骨を利用すれば、一部の骨をお墓や納骨堂に納めたり、手元供養をしたりすることができます。

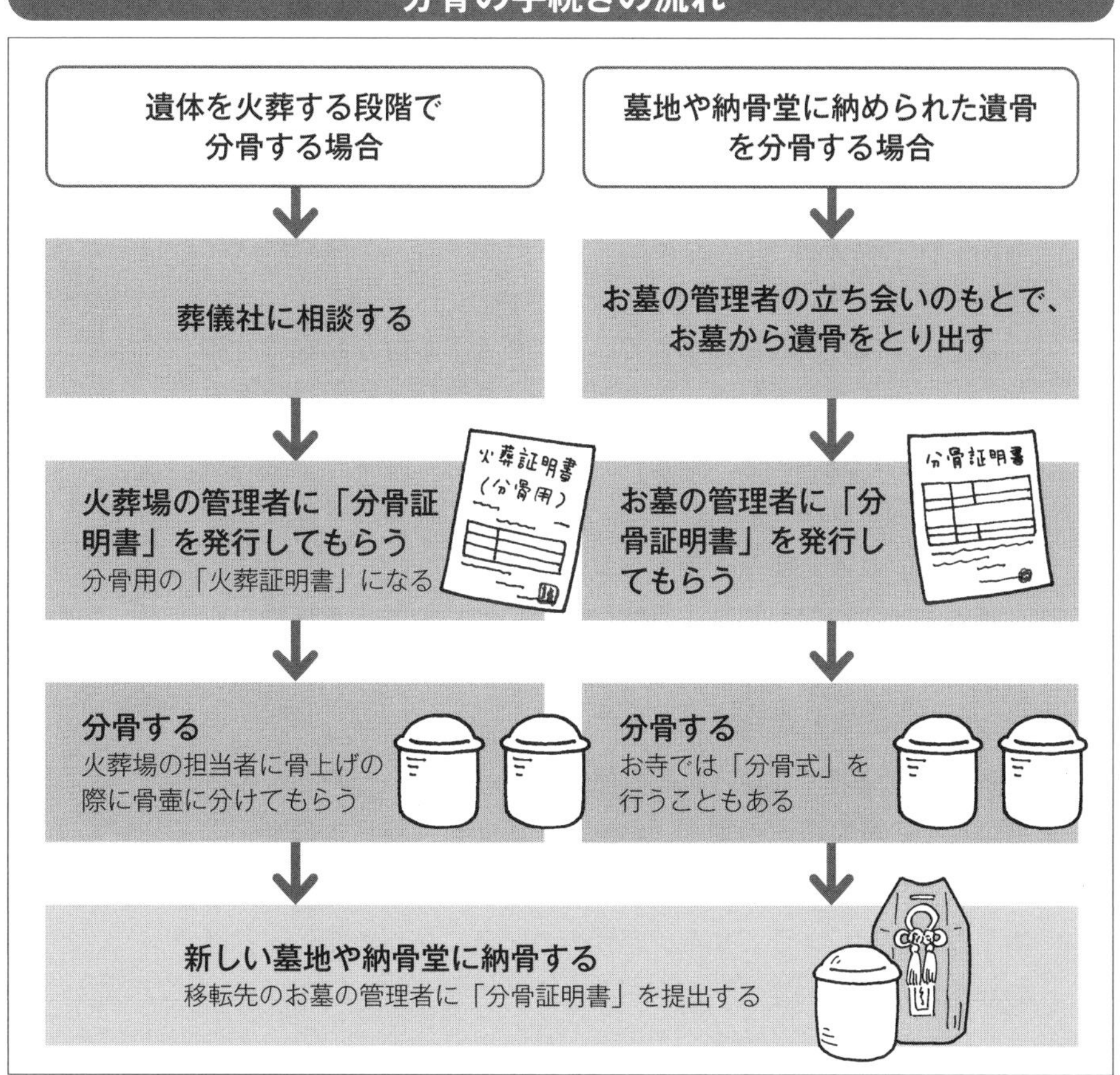

ノート　遺骨の一部を宗派の本山に分骨する「本山分骨」もあります。浄土真宗の「大谷祖廟（親鸞の遺骨が納められている場所）」への分骨などが有名です。

Column

家族葬が増えたわけ

葬儀のかたちには、規模の大きなものから順に一般葬、家族葬、一日葬、直葬があります。近年、葬儀の小規模化が進み、身近な人たちだけで行う家族葬、通夜を行わない一日葬、火葬のみの直葬が増える傾向にあります。一方で、参列者の範囲が広い一般葬は減少しています。特に都市部では家族葬が一般的になりつつあります。

家族葬は 1990 年代に始まった比較的新しい葬儀のかたちです。それまで葬儀は、故人の家族と周辺の住民によって執り行われるものでした。しかし､都市部への人の流入などにより、地域や血縁関係、または近所付き合いが希薄になったため、周辺住民の手助けが期待できなくなり、葬儀を行う家族の負担が増えることになりました。

また、社会の高齢化によって、故人やその家族が高齢であるケースが増えてきました。そのため故人や遺族の交友範囲がせばまり、参列者も少なくなる傾向にあります。さらに、介護などで金銭的な負担も大きくなり、葬儀にはできるだけお金をかけたくないと考える人も多くなってきています。

葬儀の形式についても、宗教や伝統にとらわれず、質素なものを望む人が増えてきました。これも形式を比較的自由に選べる家族葬が好まれる理由のひとつです。

家族葬の増加に代表される葬儀の小規模化は、一時的な流行ではなく、社会状況の変化、経済状況の変化、考え方の変化にともなった大きな流れであると考えられます。今後も家族葬は増えることでしょう。また、時代のニーズにあった新しい葬儀のかたちが誕生することがあるかもしれません。

第3章

通夜・葬儀・告別式

葬儀の内容を決める

チェックポイント
- □ 葬儀の形式や規模などが決まったら、葬儀社にプランを出してもらう。
- □ 葬儀社と喪主との役割分担を確認する。

お葬式の方針を決めて葬儀社を選ぶ

葬儀の詳しい内容は葬儀社との打ち合わせで決めますが、その前に遺族側で主な方針を決めておきましょう。

決めることは、

①参加者など葬儀の規模
②葬儀の形式（仏式、神式、キリスト教式、無宗教式など）
③通夜・葬儀の場所（自宅、式場、寺院など）
④予算

の4つになります。

葬儀社は、価格表などがあって料金体系がわかりやすく、応対の丁寧な業者を選びましょう。

大手の業者もあれば、地元での実績がある小規模な業者もあるでしょう。事前に複数社を比較検討することが大切です。余裕があれば、近所の人や知人に相談してみるのもよいでしょう。

打ち合わせは家族にも参加してもらう

葬儀社が決まれば、葬儀の内容についての打ち合わせが始まります。しかし、親しい人の死によってダメージを受けているなか、様々なスケジュールを進めていかなければなりません。できれば、兄弟姉妹や配偶者、信頼している親族などにも同席してもらいましょう。

お葬式は誰にとっても慣れないものです。わからないことや疑問があれば、なんでも葬儀社に相談しましょう。また、まかせられることは葬儀社にまかせ、負担を少なくすることを考えましょう。

葬儀の日程や式場を決める際の手順

お葬式は一般的に通夜当日に納棺し、弔問客を迎えての通夜、葬儀・告別式、火葬、繰り上げ初七日（→74ページ）、精進（しょうじん）落とし、といった流れになっています。亡くなった当日や通夜の前日などに身内による「仮通夜」を行うこともあります。

これらは葬儀社が式場や火葬場の空き状況を確認し、日にちと時間を提示してくれます。

また、来てもらう僧侶（神官、神父、牧師）の予定もあわせて調整します。

以前は、お葬式は自宅で行うのが一般的でした。しかし、祭壇やお焼香のための場所、弔問客のための部屋など様々なスペースも必要です。

最近では、設備の整った専門の式場や地域の公民館など、自宅以外で執り行うのが一般的になりました。

葬儀社がしてくれること

- 病院から自宅、自宅から式場などへの遺体の搬送
- 故人の安置、遺体のケア（ドライアイスなど）
- 枕飾り、棺、祭壇などの設営
- メイクや湯灌（ゆかん）などの手配
- 故人の納棺
- 遺影の準備
- 死亡届の提出、火葬許可の申請
- 訃報の手記
- 式場や火葬場の手配
- 僧侶、神官、神父、牧師の手配
- 式場の設営
- 供花や供物の手配
- 死亡広告の手配
- 霊柩車、マイクロバス、ハイヤーなどの手配
- 会葬者への案内板設置
- 通夜、葬儀、告別式のプランニングと進行
- 会葬令状、返礼品、通夜振る舞い、お弁当などの手配
- 喪服や貸し布団の手配

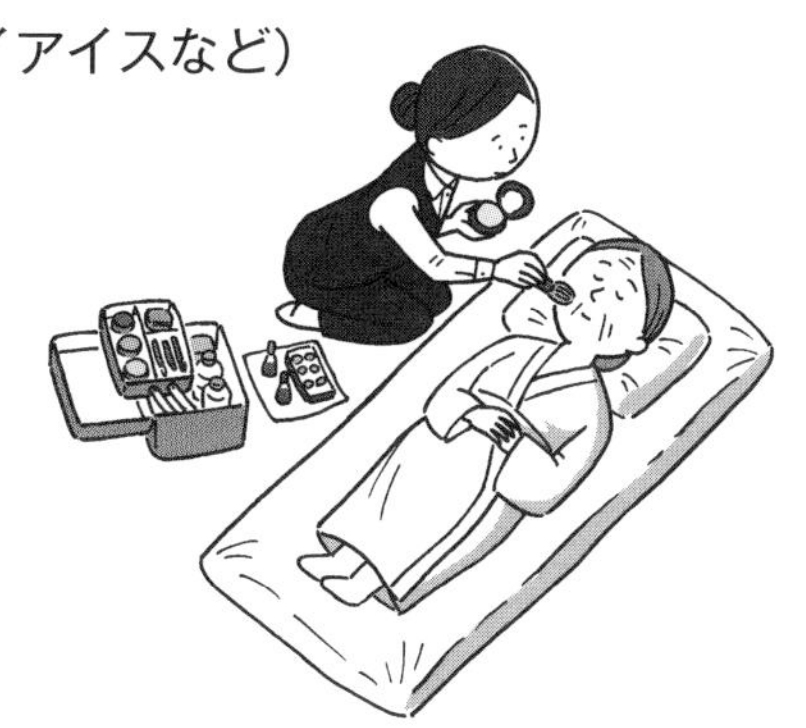

葬儀社のプランと見積もりをチェックする

葬儀について遺族側で主な方針が決まったら、葬儀社に、規模、希望する雰囲気、予算などを伝え、プランを立ててもらいます。

一番大切な要素は、**家族、親族、会葬者の人数です**。これによって式場の規模や通夜振る舞い・返礼品にかかる費用が決まってきます。

また、**祭壇や棺のランク、香典返しの有無、繰り上げ初七日の方法もしくは内容などによって費用が左右されます**。

葬儀社には、実費も含んだ葬儀料金の見積もりを必ず出してもらい、チェックします。

支払いは葬儀後の場合がほとんどですので、支払い方法や期限なども確認しておきましょう。

お葬式の費用を左右する要素

■ **家族、親族、会葬者の人数**

式場の規模や通夜振る舞いなどにかかる費用に関わる

■ **祭壇**

白木祭壇は段飾りが多くなるほど、花祭壇は高価な花をたくさん使うほど高額になる

■ **棺**

簡素な合板製から豪華な彫刻を施したものまで値段に大きな差がある

■ **香典返しの内容**

品物の種類や品数によっても金額が変わってくる

■ **通夜振る舞いや精進落とし（しょうじん）の料理**

人数、料理の内容によって金額が大きく変わってくる

■ **繰り上げ初七日法要の方法（内容）**

式中に行うか、葬儀後に行うか、葬儀社と打ち合わせておく

葬儀社に事前に確認したいその他のこと

お葬式の前には、葬儀社がしてくれること、準備してくれることは何か、喪主（喪家）自身や世話役がしなければいけないことは何か、ということをきちんと打ち合わせをし、確認しておきましょう。**会計などを担当してくれる世話役がいれば、できれば同席してもらいましょう。**

特に、葬儀社のスタッフ以外に手伝いが必要かどうか、必要ならば何人いるのか、僧侶への連絡の責任は喪主と葬儀社のどちらにあるのかなどは、よく確認しておきましょう。

また、お葬式での喪主の挨拶のタイミングや内容も、相談しておくとよいでしょう。

祭壇の選び方

キリスト教では、生花を用いた花祭壇が使用される。仏式や神式でも、花祭壇を飾ることも多く、白木祭壇と花祭壇は好みに応じて選ぶことができる

白木祭壇

祭壇はもともと葬儀があるたびにその故人のためだけに作られ、葬儀が終われば取り壊されるものだった。そのため、今でも加工が施されない白木で作られるものが多い

花祭壇

生花でできた祭壇。好みの花を選ぶこともできる。会葬者からの供花で祭壇を作る「芳名板方式」というものもある

ノート　世話役（世話人）とは、受付や会計、道案内などをする人です。友人、親戚などがつとめます。会計以外は葬儀社側でも引き受けてくれます。

菩提寺と打ち合わせをする

チェックポイント
- □故人や故人の家の信仰を確認する。
- □菩提寺に連絡し、お葬式の日程などの相談をする。

故人や故人の家の信仰を確認する

故人が亡くなったら、故人の信仰、また、故人の家が信仰する宗派を確認しましょう。それらと異なるかたちで葬儀を行うことは避けましょう。

菩提寺があれば菩提寺に、**菩提寺がわからない場合は、故人の親戚や本家などに連絡を入れ、宗派だけでも確認しましょう。**

宗派は先祖の仏壇や位牌などからも判断できます。詳しいスタッフがいる葬儀社もありますので相談してみましょう。

菩提寺への連絡は喪主が行う

菩提寺がある場合には、葬儀社にまかせず、喪主ができるだけ早く連絡したほうがよいでしょう。

通夜や告別式の日時を相談し、僧侶の都合を聞くとともに、送迎や通夜振る舞いなどの要・不要を確認しましょう。

菩提寺が遠く、葬儀の依頼ができなかったり、僧侶の都合がつかなかったりした場合には、同じ宗派の僧侶を紹介してくれることもあるので、ひとまず尋ねてみましょう。

僧侶に渡すお布施について

僧侶には、葬儀の前に、故人に「戒名」を授けてもらいます。

また僧侶には、戒名授与や読経などのお礼として、お布施を渡します。お布施の相場は、一般的な戒名の場合で、20万～50万円ほどとされており、地域や宗派によって違いがあります。

お寺に相談しても、「お気持ちでかまいません」と答えられることが多いようです。その場合、**お葬式を経験したことのある親戚や葬儀社に相談してみましょう。**

大切なアドバイス 菩提寺がない場合

菩提寺がない場合は、葬儀社に相談し、僧侶を紹介してもらいます。その場合、紹介された僧侶に戒名をもらい、葬儀を執り行ってもらうことになります。

ここで気をつけたいのは、後になって実は菩提寺やお墓があったと判明した場合です。戒名は菩提寺の僧侶につけていただくのが原則であるため、その他の僧侶に戒名をもらうと、菩提寺のお墓に入れなくなる可能性があります。トラブルにならないよう、しっかりと菩提寺の確認をし、わからない場合は「俗名」（生前の名前）で葬儀を執り行うなどの方法をとりましょう。

一般的な戒名の構成

戒名は仏弟子としての証。仏弟子は「戒律」を守るので、戒名が授けられる。宗派によっては戒名ではなく、「法名」や「法号」と呼ぶ

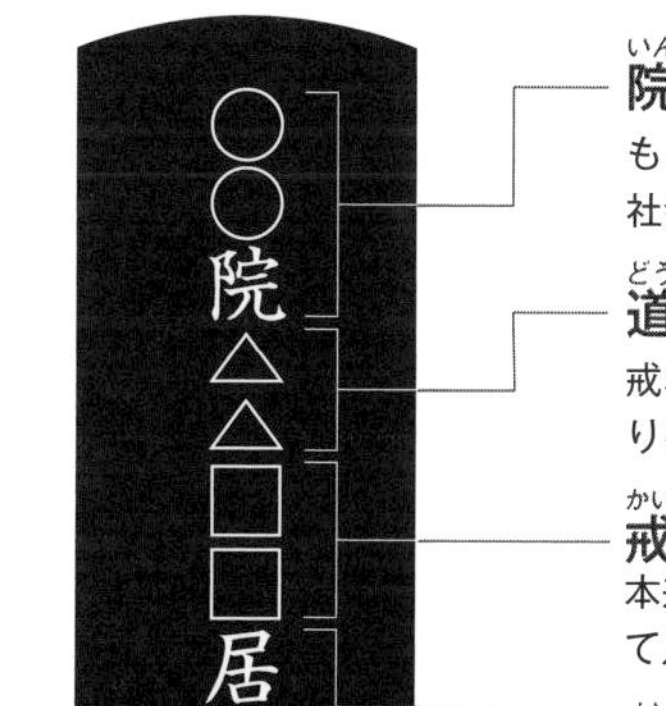

院号（いんごう）

もともと寺院を寄進した貴族や皇族に授けられたもの。社会に多大な貢献をした人につけられる

道号（どうごう）

戒名の上につけられる、もうひとつの名。故人の人となりを表すような文字が用いられることが多い

戒名（かいみょう）

本来の「戒名」とはこの２字。故人の俗名から１字とって入れたり、お経に使用されている文字を用いたりする

位号（いごう）

末尾に尊称として付けるのが一般的。その人の信仰の深さなどによって選ばれる

成人男性の場合：「大居士（だいこじ）」「居士」「大禅定門（だいぜんじょうもん）」「禅定門」「清信士（せいしんじ）」「信士」など

成人女性の場合：「清大姉（せいだいし）」「大姉」「大禅定尼（だいぜんじょうに）」「禅定尼」「清信女（せいしんにょ）」「信女」など

子どもの場合：「童子（どうじ）」「童女（どうにょ）」「孩子（がいじ）」「孩女（がいにょ）」「嬰子（えいじ）」「嬰女（えいにょ）」など

ノート お布施を渡すタイミングは、葬儀の前と葬儀の後、どちらでもかまいません。また僧侶には、お布施とは別に「お車代」を包みます（1～2万円程度）。

納棺を行う

チェックポイント

- □ **納棺の前に、湯灌を行ったり、死装束を着せたりする。**
- □ **納棺には、遺族や親族はできるだけ参加する。**

遺族や親族はできるだけ参加する

遺体を棺に納める儀式を「納棺」あるいは「納棺式」といいます。

納棺は、通夜の前日か、当日に行われますが、通夜の直前、親族が集まったタイミングで行われることが多くなっています。

納棺の作業・進行は、葬儀社のスタッフや納棺師という専門の職人によって行われます。葬儀に先立つ大切な儀式ですので、遺族や親族もできるだけ立ち会うようにしましょう。

遺体を清め死装束を着せる

納棺の前に「湯灌」をすることがあります。遺体を入浴させて清めるのですが、この世での穢れや煩悩を洗い流すという意味もあります。最近では、アルコールで清拭するだけのこともあります。

遺体を清めたら、「死装束」を着せます。かつては白い経帷子を着せ、手甲脚絆、白足袋など、「死出の旅」に向かう格好が一般的でした。**現代では、故人が愛用していた服を着せることが多くなっています。**その上から略式的な経帷子をかけることもあります。

副葬品を納める

納棺の際、また出棺に先立っての「お別れの儀」（↓70ページ）でも、棺の中に故人が愛用していたものを副葬品として入れることができます。しかし、遺体といっしょに火葬されるので、燃えにくいものや、燃えると有毒な物質が発生するものは避けます。

遺体を棺に入れて、蓋を閉じ、全員で合掌して、納棺の儀式は終了となります。

形式的な死装束

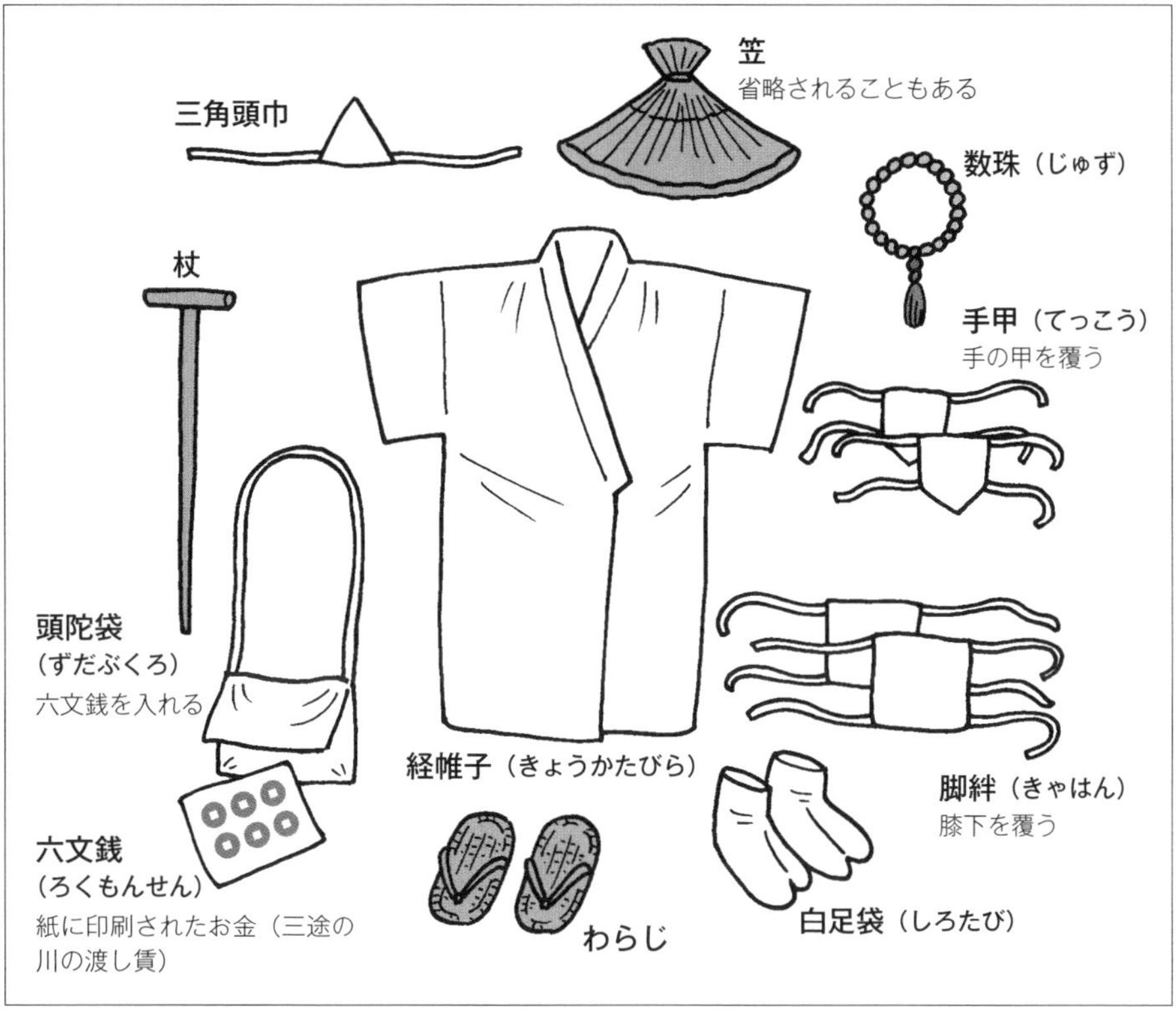

副葬品の注意点

よく入れられるものの例	入れることができないものの例
■ 花束 故人の好きだった花	■ 指輪、メガネ、腕時計など 燃えない素材でできているもの
	■ 紙幣 お札を燃やすことは法律で禁止されている
■ 手紙 生前に故人が大切にしてた手紙、故人へのメッセージ	■ ゴルフクラブ、釣竿 大きく燃えにくい
	■ ビニール製の洋服、バッグ、靴 ビニールは有害物質が出る
■ 天然素材の服 故人のお気に入りだった洋服など	■ 分厚い本、ぬいぐるみ 燃えにくく、灰が大量に出る

納棺を自宅などで行う場合、遺族は正式な喪服を着る必要はありません。しかし、派手な服装は控え、アクセサリーなども外しておきましょう。

通夜を執り行う

チェックポイント
- □通夜の前に葬儀社や僧侶と進行を確認する。
- □一般的に通夜は読経、焼香、通夜振る舞いの流れで行われる。

通夜の準備

通夜はもともと、故人と最後の夜を過ごす儀式で、遺族や親族、親しい人が集まって「夜通し」で行われました。現在では、**午後6時ごろから2時間程度で、読経(どきょう)や焼香を行う「半通夜」が一般的になっています。**

通夜の受付は1時間～30分前に始めます。

僧侶には30分前には来てもらい、挨拶を済ませましょう。

その後、葬儀社や僧侶を交え、進行や席次、焼香の順番などを確認しておきます。

また、供花(きょうか)や供物(くもつ)が届いたら、送り主の名前が書かれた木札をつけて祭壇の脇に飾ります。中心から、故人と関係が近い人順に並べます。実際の作業は、葬儀社のスタッフが行います。

一般的な通夜の流れを知っておこう

遺族が全員着席したら、僧侶の入場、読経、焼香と進みます。

焼香は、僧侶、喪主、遺族、親族、会葬者の順に行います。参列者が多い場合、読経の途中に焼香が始まることもあります。会葬者は焼香後、会場にとどまらず、通夜振る舞いに案内することもあります。通夜振る舞いに参加しない方には会葬礼状や返礼品を渡します。

焼香の後、僧侶は退席します。退席の前に、僧侶による法話（仏教の教義などの説明）が行われることもあります。僧侶が退席したら、閉式となります。

通夜振る舞いでは、僧侶や会席者をもてなします。料理の用意は葬儀社がしてくれます。

最後に喪主が挨拶を行い、通夜は終了です。このとき、翌日の葬儀・告別式の告知も行います。

一般的な通夜の流れ

通夜の前の準備
供花を飾る（葬儀社が行う）
会葬礼状と返礼品の準備（葬儀社が行う）
葬儀社や僧侶と進行を確認する

弔問客の受付
香典を受け取り、記帳をお願いする（世話役が行う）

通夜

一同着席
▼
僧侶入場
▼
読経
読経の時間は 30 ～ 40 分。読経の後、法話があることも
▼
焼香
僧侶、喪主、遺族、親族、会葬者の順に行う
▼
僧侶退場
▼
喪主の挨拶
通夜振る舞いに参加しない弔問客に会葬礼状や返礼品を渡す

通夜振る舞い
料理やお酒を振る舞う（葬儀社が準備することが多い）
喪主の挨拶、葬儀・告別式の告知

終了
弔問客に会葬礼状や返礼品を渡す（世話役が行う）

僧侶が通夜振る舞いに参加しない場合は、帰る前に「御膳料（おぜんりょう）」を渡します。１万円程度が相場とされています。

5 葬儀・告別式の前に確認すること

チェックポイント
- □ 葬儀・告別式の進行に加え、その後のことについても確認する。
- □ 弔電に目を通し、紹介するものを選ぶ。

葬儀・告別式の準備

通夜が終わったら、翌日の葬儀・告別式の準備に入ります。

世話役代表も加わり、葬儀社と葬儀・告別式の進行についての打ち合わせをします。

その際、火葬後の法要（繰り上げ初七日）や精進落としについても、細かい対応のしかたを決めておきます。

特に、**火葬場に同行する人数や、精進落としに参加する人数、火葬場へ向かう車の手配はしっかり確認しておきましょう。**

その後、儀式はあわただしく進行します。打ち合わせでの大切なポイントはメモをとっておいたほうがよいでしょう。

弔辞の依頼と弔電の整理を行う

通夜に引き続いて、供花や供物を飾ることは葬儀社のスタッフが行いますが、並べる順番は喪主が確認しましょう。

葬儀・告別式で弔辞をもらう場合は、故人の親しい友人や、会社の上司などにお願いします。一般的には1～3人とされています。数人に依頼した場合、順番は年齢やつき合いの古さ、会社の役職などに従って決めます。

弔辞をもらう人について、名前の読み方や肩書きに間違いがないかよく確認したうえで、葬儀社に伝えます。

弔電（お悔やみ電報）が送られてきている場合には、誰からのものかを確認します。**葬儀・告別式で読み上げる場合は、全文を読むものと名前だけ紹介するものとを選びます。**一般的には仕事の関係者などを優先して選びます。

ただし、弔辞や弔電の紹介は省略される場合も多くなっています。

葬儀・告別式前の主な確認事項

- 葬儀・告別式の進行
- 会葬礼状や返礼品の数
- 香典を預かり、管理する人
- 遺影や位牌を持つ人
- 紹介する弔電と、その順番
- 火葬場に同行する人数
- 火葬場へ向かう車で、誰がどの車に乗るか
- 精進落としに参加する人数
- 精進落としで挨拶をしてもらう人
- 精進落としで献杯をしてもらう人
- 僧侶へのお礼
- 世話人へのお礼
- 心付けの用意
- 葬儀・告別式の席次
- 供花・供物の送り主の確認
- 焼香の順番
- 弔辞の依頼先と順番
- 出棺の手伝いをする人
- 火葬場に向かう車の手配

葬儀・告別式の席次

祭壇に向かって右側が遺族・近親者の席、左側が一般席。遺族・近親者の席は前から血縁の近い順に家族単位で座る

会場が横長の場合

祭壇

僧侶

世話役　世話役代表　喪主　遺族

職場関係　友人・知人　近親者　親族

弔問客

会場が縦長の場合

祭壇

僧侶

世話役代表　喪主

世話役　遺族

友人・知人　近親者

職場関係　親族

弔問客

葬儀・告別式での弔電の紹介は時間が限られます。全文を読み上げるのは一般的にせいぜい2～3通、多くても5通まで。その他は名前だけの紹介になります。

葬儀・告別式を執り行う

チェックポイント

- □ 葬儀は宗教儀式であり、故人の冥福を祈り、あの世に送り出す。
- □ 葬儀・告別式の開始時間は午前中からお昼にかけて。

葬儀・告別式の意味を知っておこう

葬儀と告別式とは、本来、それぞれ別の意味をもっています。**「葬儀」は宗教儀式で、故人の冥福（死後の幸福）を祈り、あの世へ送り出すための儀式です。**

一方で、告別式は宗教的なものではなく、故人と関係のあった人たちが集まり、最後の別れを告げる催しです。

近年は葬儀と告別式をいっしょに行うことが一般的ですが、火葬が済んだ後にお別れ会や告別式を行うことも可能です。

葬儀・告別式は午前中やお昼に開始される

葬儀・告別式の開始時間は、火葬場のスケジュールによって決まります。また、式場も夕方になると通夜で使用されるので、**たいてい午前中からお昼にかけて、遅くとも午後1時くらいが開始時間になります。**

葬儀・告別式の流れを知っておこう

葬儀の内容や流れは、地域や宗派によって変わりますが、一般的なものを解説します。

参列者の着席の後、僧侶が入場します。参列者は合掌、黙礼で僧侶を迎えます。椅子席の場合は起立して迎え、僧侶の着座後に着席します。葬儀社の司会による開式の辞に続いて、僧侶の読経（どきょう）が始まります。

読経の間に故人には「戒名（かいみょう）」が授けられ、この世からあの世へと送られます。これが「引導（いんどう）を渡す」といわれていることです。引導の渡し方は、宗派によって異なります。

読経が終わると、弔辞、弔電の紹介を行います。

その後、僧侶はふたたび読経を

行います。僧侶の指示のタイミングで、喪主、遺族、親族、会葬者の順で焼香が行われます。

なお、遺族、親族の焼香までを葬儀、会葬者の焼香からを告別式とする考え方もあります。

会葬者の焼香が終わると、僧侶が退場するので、参列者は合掌、黙礼で見送ります。入場のときと同様にこのときも、椅子席の場合は起立します。

僧侶の退場後、喪主か、あるいは遺族代表が簡単に会葬のお礼を述べますが、この挨拶は省略されることもあります。司会が閉式の辞を述べて、葬儀・告別式は終了となります。

遺族や親族、また親しい友人などは式場にとどまり、別れ花、釘打ち（行わないことも多い）などの「お別れの儀」に参加します。

一般的な葬儀・告別式の流れ

ノート　故人との決別のためや、穢（けが）れや病いを遠ざけたいという理由から行われるのが「釘打ち」ですが、最近では遺族の心情を考慮し行わないケースも増えています。

出棺を行う

チェックポイント
- □出棺に先立ち「お別れの儀」が行われる。
- □故人のまわりを花で飾り、副葬品を棺に入れる。

故人とじかに対面できる最後の機会

葬儀・告別式の終了後、遺族、親族、親交が深かった友人は式場にとどまり、火葬場へと移動する「出棺」に備えます。

出棺に先立って、「お別れの儀」が行われます。祭壇から棺を下ろし、棺の蓋を開けて、最後のお別れをします。

故人とじかに対面できるのはこれが最後の機会になります。あまり時間はありませんが、ねぎらいや感謝の気持ちを込めて、故人とのお別れをしましょう。

故人のまわりを花で飾る

お別れの儀では、**祭壇に供えられた生花などを棺に入れ、故人のまわりを飾っていきます**。これを「別れ花」といいます。

このときにも、棺の中に故人が愛用していたものも副葬品として入れることができます。

故人が好きだった花をまとめた花束、大切にしていた手紙、お気に入りだった天然素材の洋服などがよくいっしょに入れられます。ただし、燃えない素材のものや燃えにくいものは控えましょう。

棺の蓋を閉めて釘で打つ

故人との最後の対面が終わると、棺に蓋をして出棺となります。

棺の蓋を釘で打ち、開かないようにするのが「釘打ち」の儀式です。**喪主、遺族、親族、友人の順に、棺の頭のほうから小石で2回ずつたたいて釘を打ち込んでいきます**。全員が終わると、残りの釘は葬儀社のスタッフが打ち込んでくれます。

釘打ちの儀式には、故人が「三途(さんず)の川」を無事渡れるようにとの願いが込められているほか、故人としっかり決別するためや、穢(けが)れや病いを遠ざけたいという思いも込められています。

しかし最近では、葬儀社があらかじめ打ち込んだ釘の最後の打ち込みを遺族が行う、というように簡略化もされています。また、地域や宗派によっては釘打ちは省略されることも多いようです。

霊柩車に棺をのせて火葬場へ向かう

棺の蓋が閉められたら、葬儀社のスタッフ、**遺族、親族、友人の中から6人ほどの男性が出て、棺を抱えて霊柩車まで運びます。**このとき、遺体の足を先にして移動します。

棺を霊柩車に納めたら、火葬場に向かう前に喪主は会葬者に対してお礼の挨拶をします。

一般的な出棺までの流れ

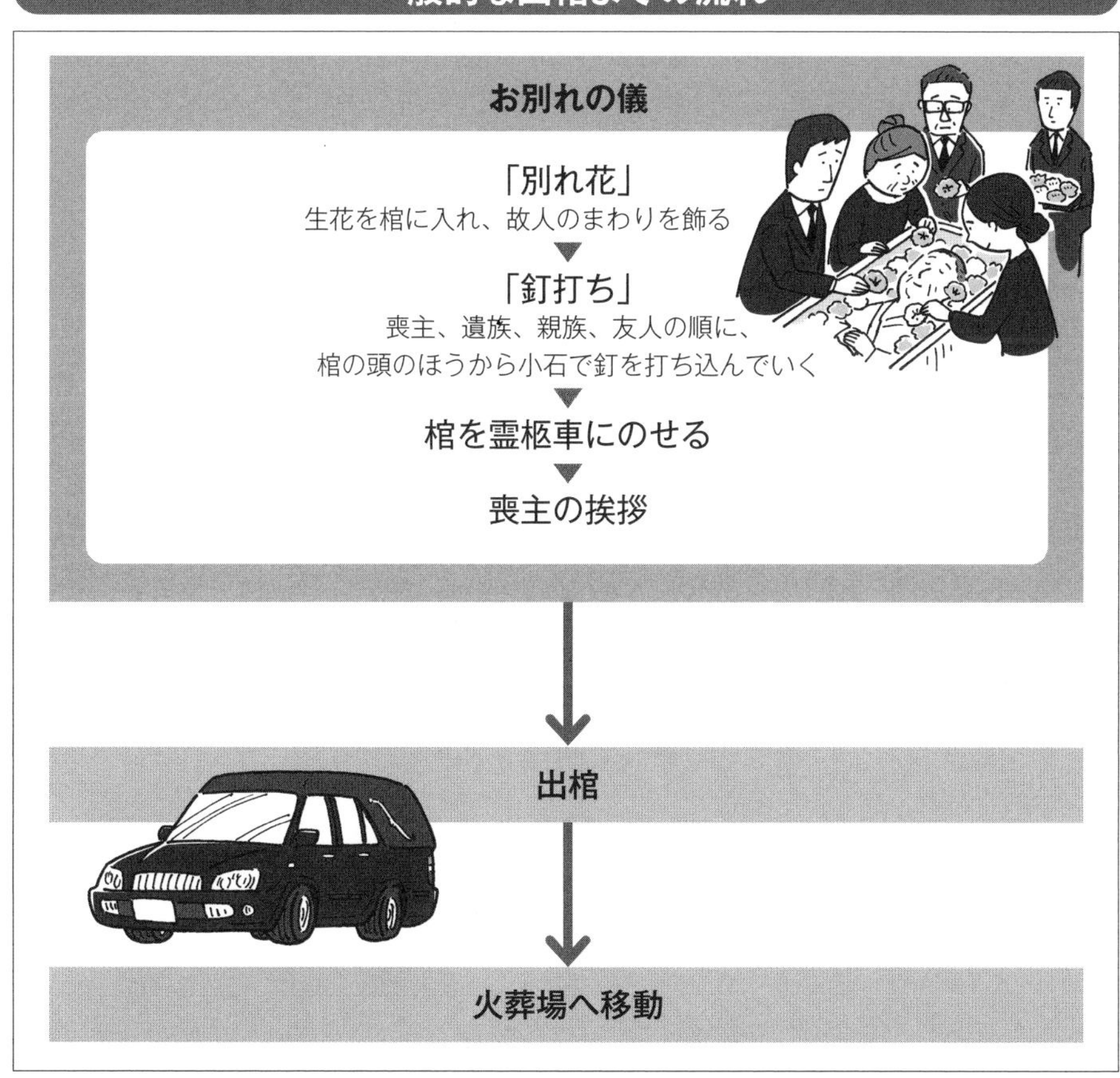

ノート　出棺のときには、位牌と遺影もいっしょに運びます。一般的には喪主が位牌を持って先頭に立ち、喪主に次ぐ遺族が遺影を抱いて棺を先導します。

火葬を行う

チェックポイント

- □ 火葬場へは火葬許可証を忘れずに持参する。
- □ 火葬場のスタッフなどへの心付けが必要な場合は準備しておく。

火葬場へは霊柩車が先頭で向かう

火葬は通常、葬儀・告別式の終了後、同じ日に行われます。

出棺後、火葬場への移動は遺族、親族のほか、特に故人と親しかった友人が同行します。

火葬場へは、棺を乗せた霊柩車が先導します。喪主は位牌を持って霊柩車に乗るか、もしくは霊柩車に続く車に乗ります。霊柩車に続く車に遺族代表、僧侶が乗り、さらにその後続の車には、その他の遺族、親族、友人というように血縁の深い順に乗るのが一般的です。最近では喪主や僧侶が自分の車で火葬場に向かうことも多くなっています。

火葬許可証や心付けを忘れずに

火葬には役所から発行された「火葬許可証」が必要です。これがないと火葬ができないので忘れずに持参しましょう。**火葬許可証は葬儀社のスタッフに事前に預けておけば、火葬場での手続きもしてもらえます。**

地域によっては火葬場のスタッフや霊柩車・ハイヤーの運転手に「心付け」を渡すことがあります。これも葬儀社に確認し、必要な場合は準備しておきましょう。

「納めの式」を執り行う

火葬場に到着したら、棺を炉の前に安置します。祭壇用の机に位牌や遺影、燭台や香炉、生花、供物などを飾り、その場で「納めの式」を執り行います。

納めの式では僧侶による読経、焼香に続き、同行者全員による焼香を行います。その際に棺の小窓を開け、故人と最後の対面を行うこともあります。

納めの式が終わると、遺体は茶

毘（び）に付されます（遺体を炉に入れ焼却すること）。

火葬が終わるまで控え室で待機することになり、僧侶や同行者を茶菓でもてなします。この待ち時間で「精進落（しょうじん）とし」を行うこともあります。

僧侶には今後の法要について相談しておきましょう。

収骨は2人1組で行う

火葬終了後、「収骨」（「骨揚（こつあ）げ」「骨拾い」などともいいます）を行います。収骨は2人1組で行い、それぞれが箸で骨を拾って骨壺に納めます。地域によってすべてのお骨を納める「全収骨」と、一部のお骨を納める「部分収骨」があります。

一般的な火葬から収骨までの流れ

霊柩車を先頭に車で火葬場へ移動

↓

火葬場に到着

↓

棺を炉の前に安置する

↓

納めの式
僧侶による読経、焼香に続き、同行者全員による焼香を行う

↓

茶毘に付す
▼
控え室で待機
僧侶や同行者を茶菓でもてなす

↓

収骨
2人1組で、それぞれが箸で骨を拾って骨壺に納める

「心付け」の相場は3000～5000円とされています。ただし、公営の火葬場では心付けを受けとることが禁止されていますので、注意しましょう。

繰り上げ初七日と精進落とし

チェックポイント

□遺骨を安置するための祭壇を自宅に用意する。
□初七日法要は「繰り上げ初七日」にするのが一般的となっている。

遺骨は自宅に迎える

火葬後、遺骨は四十九日法要まで、自宅に安置します。遺骨を自宅に運び入れることを「遺骨迎え」といいます。

自宅には遺骨、位牌（いはい）、遺影を安置する祭壇を置き、葬儀のときの生花や供物（くもつ）で飾ります。これを「後飾り祭壇」といい、葬儀社が用意してくれます。

火葬後、自宅に戻った人は、塩などで身を清めます（宗派によっては行いません）。門前や玄関先に塩を撒くこともあります。

遺骨を自宅に迎えたときの儀式

遺骨を迎えたときに行われるのが「還骨法要（かんこつほうよう）」（宗派によっては「還骨勤行（かんこつごんぎょう）」「安位諷経（あんいふぎん）」などともいいます）の儀式です。**後飾りの祭壇の前で読経（どきょう）、焼香を行うもので、これによって葬儀が完全に終了します。**

しかし、近年では省略されることも多くなっています。

初七日の法要を行う

初七日の法要は、本来は亡くなってから七日目に行う法要で、親族や友人・知人を招き、僧侶にお経をあげてもらいます。

しかし、親族や友人が何度も集まるのは負担が大きいため、初七日法要を繰り上げて葬儀・火葬と同じ日に行うことが一般的になってきました（繰り上げ初七日）。

繰り上げ初七日には「戻り初七日」と「式中初七日」の2種類があります。

「戻り初七日」は、火葬後に再び式場に戻って初七日の法要を行うものです。火葬終了後に行われるため、遺族や親族のみで行われます。これが一般的に「繰り上げ初七日」といわれます。

「式中初七日」は、葬儀に続いて法要を行うもので、「繰り込み初七日」ともいわれます。この場合は、告別式の流れで初七日を行うことになります。寺院によっては火葬前の初七日法要に難色を示すこともありますので、事前の相談と確認が必要です。

僧侶や世話役を精進落とし（しょうじん）でもてなす

お葬式の後に、僧侶や世話役などお世話になった人をもてなすための会食が「精進落とし」です。親族と故人の思い出話をし、僧侶とは今後の法要の相談を行います。参加者の疲れに配慮し、1～2時間でお開きとし、最後に喪主がお礼の挨拶をして、散会となります。

後飾り祭壇の例

後飾り祭壇の注意点

- 火葬が終わり、自宅に戻ったタイミングで設置される
- 四十九日まで、家を訪れた弔問客はここに手を合わせることになる
- 四十九日まで毎日、ろうそくと線香に火をつける
- 四十九日が終わった後は撤去することになるため、それまでに本位牌を作り、仏壇を購入することが望ましい

ノート 初七日は亡くなった人が三途の川にたどり着く日とされています。命日を１日目として数えますが、亡くなる前日を１日目と数える地域もあります。

神式の通夜・葬儀

チェックポイント

□ 通夜祭・遷霊祭と葬場祭の2日間で行われる。
□ 神式の葬儀についての知識と経験が豊富な葬儀社を選ぶ。

葬儀は自宅か式場で行う

神道では、故人の霊は祖先の霊とともに家にとどまり、家や家族を守る神様になります。神道のお葬式はそのための儀式で、「通夜祭」「遷霊祭」「葬場祭」が行われ、それらをまとめて「神葬祭」といいます。

神葬祭は神社では行われず、自宅か式場で行います。

葬儀社は、神式の葬儀についての知識と経験が豊富かどうかで選びましょう。

1日目は「通夜祭」を行う

「通夜祭」では最初に神官である斎主、斎員、楽員と、遺族らの参列者が「手水の儀」を行います。斎主が祭詞を奏上し、楽員による「誄歌」が奏楽された後、神職に続いて喪主から順に「玉串奉奠」を行います。

「遷霊祭」は故人の霊魂を、仏教(仏式)の位牌にあたる「霊璽」に移す儀式です。「御霊移し」ともいい、非常に重要な儀式です。

通夜祭と遷霊祭は、現在は「通夜祭」として通して行われます。

2日目は「葬場祭」を行う

通夜祭の翌日には、「葬場祭」を行います。

手水の儀に始まり、開式後、一同を祓い清める「修祓の儀」や斎主による「祭詞奏上」などの神事と、遺族など参列者による玉串奉奠を行います。弔辞拝受や弔電紹介もこの中で行います。

火葬後に「帰家祭」を行う

火葬場では遺体を火葬する前に「火葬祭」が行われます。神官が祭詞を奏上し、遺族は玉串奉奠を行います。収骨の作法は仏式と同じになります。

神葬祭では本来、遺骨は火葬後にそのまま墓所へ埋葬しますが、最近は家にもち帰り、忌明けの「五十日祭」に合わせて納骨するのが一般的です。

遺骨を迎える前に、自宅では「後祓いの儀」を行います。祭壇をかたづけ、家の内外を掃き清めた後、新たに祭壇を設けます。

火葬場から自宅に遺骨が戻ったら、「帰家祭(きかさい)」を執り行います。遺骨と霊璽、遺影を新しい祭壇に飾り、斎主が祭詞を唱える中、玉串奉奠を行います。

また、帰家祭の後に、神官や世話役などをねぎらう会食を設けます。これを「直会(なおらい)」と呼びます。

一般的な神式のお葬式の流れ

帰幽報告(きゆうほうこく)
神棚や祖霊舎(それいしゃ)に故人の死を報告し、その前面に白い紙を貼って封じる

枕直しの儀(まくらなおし)
死に水、死に化粧などを行い、遺体を安置する

納棺の儀
遺体を棺に納め、礼拝（二礼二拍手一礼）する。拍手は音を立てない

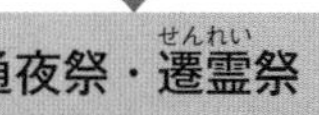

通夜祭・遷霊祭(せんれいさい)
仏式の通夜にあたる。焼香はせず、玉串奉奠(たまぐしほうてん)を行う
故人の霊を霊璽(れいじ)に移し、守り神とする

葬場祭
仏式の葬儀・告別式にあたる
祭詞奏上、玉串奉奠を行う

出棺祭
故人との最後の別れ、棺の釘打ちを行う

火葬祭
遺体を火葬する前に、祭詞奏上、玉串奉奠を行う
（火葬祭の後、遺体を火葬し、収骨する）

埋葬祭
最近は忌明けの「五十日祭」とあわせて行われることが多い

帰家祭
自宅で遺骨、霊璽、遺影を祀り、神官は葬儀が無事に終わったことを神様に報告する

直会(なおらい)
仏式の精進落としにあたる

ノート
葬儀の依頼は故人の氏神(うじがみ)となる神社に相談するのが一般的ですが、氏神がわからない場合は葬儀社に紹介してもらいます。

11 カトリックの通夜・葬儀

チェックポイント

- □ 臨終前の儀式が行えるよう、重篤になった段階で教会に連絡する。
- □ わからないことがあれば教会や葬儀社に相談する。

重篤に陥ったら神父（司祭）を呼ぶ

カトリックでは死によって肉体が滅んでも、霊魂は神の御許に召されます。また、地上での罪が許されることで、永遠の命が得られると考えられています。

また葬儀そのものよりも、死の迎え方が重要視されています。これはプロテスタントも同様です。

そのため、カトリックでは、**信者が重篤になった段階で、信者の所属する教会に連絡し、神父（司祭）を呼ばなければなりません。**

神父は信者の額などに聖油を塗る「病者の塗油」を行い、罪の許しと病気の治癒を祈ります。続いて、パンと葡萄酒を与える「聖体拝領」が行われ、これにより信者は復活の保証を得ます。

臨終のときを迎えると、神父は臨終の祈りを唱えます。罪の許しと神の加護を願い、天に召された故人を祝福します。

通夜のしかたは教会や地域によって様々

カトリックではもともと通夜という考え方がありませんが、日本の習慣に合わせ、「通夜の祈り」「通夜の集い」などが自宅や教会で行われます。特別なしきたりはありませんので、内容は教会や地域によって様々です。一般的には聖歌斉唱、聖書朗読、説教、献花などが行われ、参列者は神父とともに祈りを捧げます。

葬儀・告別式は教会で行われる

カトリックの葬儀では、故人の罪が許されて神に受け入れられ、安息と復活が得られるよう祈ります。葬儀は故人が所属していた教会で行われます。

葬儀は大きく「入堂式」「葬儀ミサ」「告別式」に分けられます。

このうち、最も重要な「葬儀ミサ」は「言葉の典礼」と「感謝の典礼」という儀式からなります。

「言葉の典礼」では、神父による聖書朗読と説教が行われ、最後に参列者全員で祈祷を行います。「感謝の典礼」では遺族がパンとワインを捧げ、それを神父が参列者に与えます。

告別式では、聖歌斉唱や弔辞・弔電の紹介があり、喪主、遺族、親族、一般参列者の順に献花を行います。

また、カトリックには「追悼ミサ」という葬儀後の追悼の儀式がありますが、いつ行うべきか決まっていません。死後10日後や1年後などに行われることが多いようです。

カトリックの葬儀・告別式の流れの例

告別式

入堂、聖歌斉唱

↓

弔辞拝受、弔電披露

↓

献花
遺族など参列者一同で献花を行う

↓

出棺式
故人との最後の別れ、棺の中に献花を行う

葬儀

入堂式
聖歌を斉唱し、神父と遺族、棺が入場する

↓

開式の辞
神父によって棺に聖水がかけられ、開式が宣言される

↓

葬儀ミサ
「言葉の典礼」と「感謝の典礼」が行われ、故人の復活と永遠の命を祈る

↓

赦祷式（しゃとうしき）
故人の生前の罪について許しを乞う。神父の祈祷や聖歌斉唱が行われる

キリスト教では、死者の復活を教義としているため、埋葬の手段は土葬が望まれます。しかし、日本では土葬を禁じる自治体が多く、基本的には火葬となります。

プロテスタントの通夜・葬儀

チェックポイント

- □ 葬儀は賛美歌の斉唱や聖書による祈りが中心となる。
- □ 宗派が数多くあるので、それぞれの教会に葬儀の内容を確認する。

通夜にあたる「前夜式」を行う

プロテスタントでは通夜にあたる「前夜式」が行われます。**プロテスタントの葬儀は必ずしも教会で行う必要はないため、自宅や式場でも執り行うことが可能です。**

「納棺式」も前夜式に先立って行われることが多く、その場合は前夜式の参列者も参加します。

前夜式では遺族と近親者、友人、牧師が集まり、賛美歌の斉唱や聖書の朗読、説教、参列者全員でのお祈り、献花などが行われます。

前夜式の後、いわゆる「通夜振

臨終の前に「聖餐式（せいさん）」を行う

プロテスタントでも臨終の前の儀式は非常に重要です。**信者が重篤な状態となったら、すぐに所属する教会に連絡して牧師を呼ぶ必要があります。**

牧師は信者に、キリストの肉と血を意味するパンと葡萄酒を与える「聖餐式」を行い、家族とともに信者が安らかに天に召されることを祈ります。

臨終後は、牧師や家族が故人の唇を水で湿らせます。これは仏式の「末期の水」にあたります。

儀式よりも信仰そのものを重視する

プロテスタントはカトリックと比べ、儀式よりも個人の内面の信仰を大切にします。葬儀も聖書と祈りが重視され、形式にはこだわらない傾向にあります。

プロテスタントには多くの宗派があり、それぞれで葬儀の内容も変わってきます。不明な点は教会や葬儀社に相談しましょう。キリスト教の葬儀の経験が豊富な葬儀社を選ぶ必要がありますが、教会に相談すれば、葬儀社を紹介してくれることもあります。

る舞い」は行いませんが、遺族と親族、牧師によって、軽食程度の茶話会が開かれることもあります。

葬儀・告別式は賛美歌と祈り、献花が中心

プロテスタントでは、故人は天に召され、神のもとで安らかにしていると考えられています。そのため、葬儀は神への感謝を捧げ、また遺族を慰めるためのものといわれます。カトリックのように葬儀と告別式が区別されることもほとんどありません。

葬儀・告別式では特別な儀式はなく、賛美歌の斉唱と聖書による祈り、献花が中心となります。

火葬場では「火葬前式」が行われ、聖書を朗読し、全員で祈りを捧げます。その後、故人を偲（しの）ぶ食事の会を設けることがあります。

プロテスタントの葬儀・告別式の流れの例

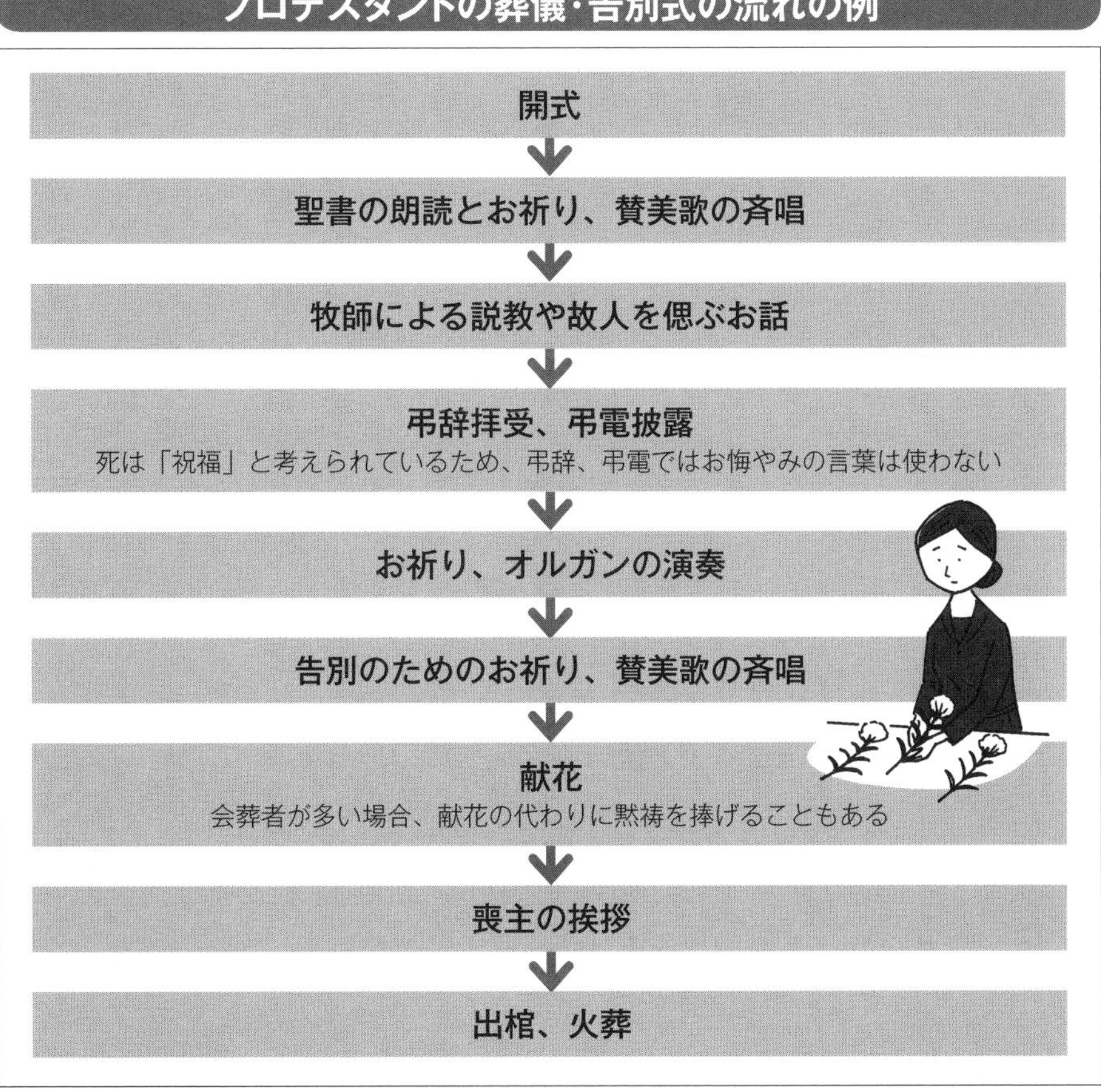

ノート　プロテスタントでは、洗礼（教会に入会する儀式）を受けていない人でも葬儀が行えます。洗礼を受けていない場合は聖餐式の代わりに臨終の祈りが捧げられます。

葬儀後の事務処理とお礼について

チェックポイント

- □ 事務の引き継ぎを行うのは精進落としの後がおすすめ。
- □ 支払いやお礼の挨拶まわりもできるだけすみやかに行う。

事務の引き継ぎはすみやかに行う

喪主や遺族代表は、葬儀終了後すみやかに、世話役や手伝いをしてくれた親族、葬儀社から、事務の引き継ぎを行いましょう。参加者が多く残っている、精進落とし（→75ページ）の後がおすすめです。遅くとも翌日までには済ませたいものです。

引き継ぎでは、**会葬者名簿や弔問客の名刺、香典や香典帳を受け取ります**。誰から弔辞・弔電、供物・供花をいただいたかも記録帳などで確認します。

また、**葬儀費用や飲食費用など、請求書や領収書も集め、残金との照合を行います**。特に現金の授受については後にトラブルにならないよう、念入りに確認します。葬儀中にお金を立て替えてくれた人がいた場合には、その場で精算しましょう。

引き継ぎと同時に必要な支払いも行う

精進落としの後、世話役やお世話になった人たちに、謝礼や心付けを渡します。金額の目安がわからない場合は、葬儀社に相談しましょう。

葬儀社への支払いは、後日請求書が届きます。見積書とよく見比べてから支払うようにしましょう。後から追加したサービスなどを確認し、不明な点は支払う前に納得がいくまで説明を求めます。

お礼の挨拶まわりもすみやかに行う

葬儀でお世話になった僧侶（あるいは神主、神父、牧師）には、翌日か翌々日にお礼の挨拶にうかがいます。服装は礼服かそれに準ずる地味なものにしましょう。謝礼をまだ渡していない場合は、このときに渡します。

謝礼は奉書紙に包むか白封筒に入れます。**寺院への謝礼は「御布施」もしくは「御礼」と表書きします。**神社へは「御神饌料（ごしんせんりょう）」もしくは「御礼」、教会へは「献金」とします（神父、牧師、オルガン奏者、聖歌隊などには別に「御礼」を包みます）。

葬儀のお手伝いをしてくれた人には、できれば1週間以内には茶菓を持参して直接、お礼を述べましょう。

生前に故人がお世話になった医師にも、できれば直接出向いてお礼を述べます。

弔電や供物・供花をいただいた人には、お礼の手紙やはがきを出しましょう。

家で葬儀を行った場合は、隣近所にお礼と、お騒がせしたお詫びを述べるとよいでしょう。

すみやかに行いたい事務の引き継ぎ

■ 会葬者名簿や弔問客の名刺
- 会葬者を確認する
- あらためて挨拶したい場合は、後日行ってもよい

■ 香典と香典帳
- 香典をいただいた人を確認し、後日に香典返しをする
- 香典帳と現金との照会を行う
- お金が関わるので、すみやかな引き継ぎと確認が必要

■ 弔辞・弔電、供物・供花の記録
- 後日にお礼状を送るため、いただいた人を確認する

■ 収支記録、請求書、領収書
- 会計係といっしょに収支記録と残金の照合をする
- 弔問客の増加などで追加したサービスなどを確認する

お礼の挨拶まわりは、関係者が多いと大変な負担となります。喪主と遺族代表で行うのが一般的ですが、遺族で役割を分担してもよいでしょう。

14 香典返しを送る

チェックポイント

□ 香典返しは忌明けの後に挨拶状とともに送る。
□ 葬儀当日に手渡しする「即日返し」も増えている。

香典返しは忌明け後に送るのが一般的

お葬式でいただいた香典のお返しが「香典返し」です。

香典返しには「弔事が無事終わりました」という報告の意味もあるので、一般的には仏教（仏式）なら三十五日か四十九日の忌明け後に挨拶状とともに送ります。

神道（神式）では「五十日祭」が忌明けです。キリスト教には香典の習慣はありませんが、香典の代わりに「御花料」をいただくことがあります。その場合、1カ月後の「昇天（召天）記念日」や追悼ミサの後に返礼品を送ります。

最近では、お葬式の帰りに香典返しを渡す「即日返し」もよく見られるようになりました。即日返しでは、一律の品物を渡すことになりますが、高額の香典をいただいた人には、忌明け後に相応の品を送りましょう。

香典返しの金額は香典の3～5割程度

香典返しで送る品の金額の目安は、いただいた香典の3～5割程度になります。

品物は「後に残らないもの」として、お茶やコーヒー、海苔などの飲食物が一般的でしたが、**最近ではカタログギフトが人気となっています。**

熨斗のないかけ紙を使う

香典返しなど、弔事の贈り物には熨斗がついておらず、水引だけが印刷された「かけ紙」を使います。黒白の水引のみが印刷されたかけ紙はどの宗派にも使えます。

表書きは「志」もしくは「忌明志」とします。

神式では「志」または「偲草」、キリスト教では「昇天（召天）記念」などとします。

忌明けの時期

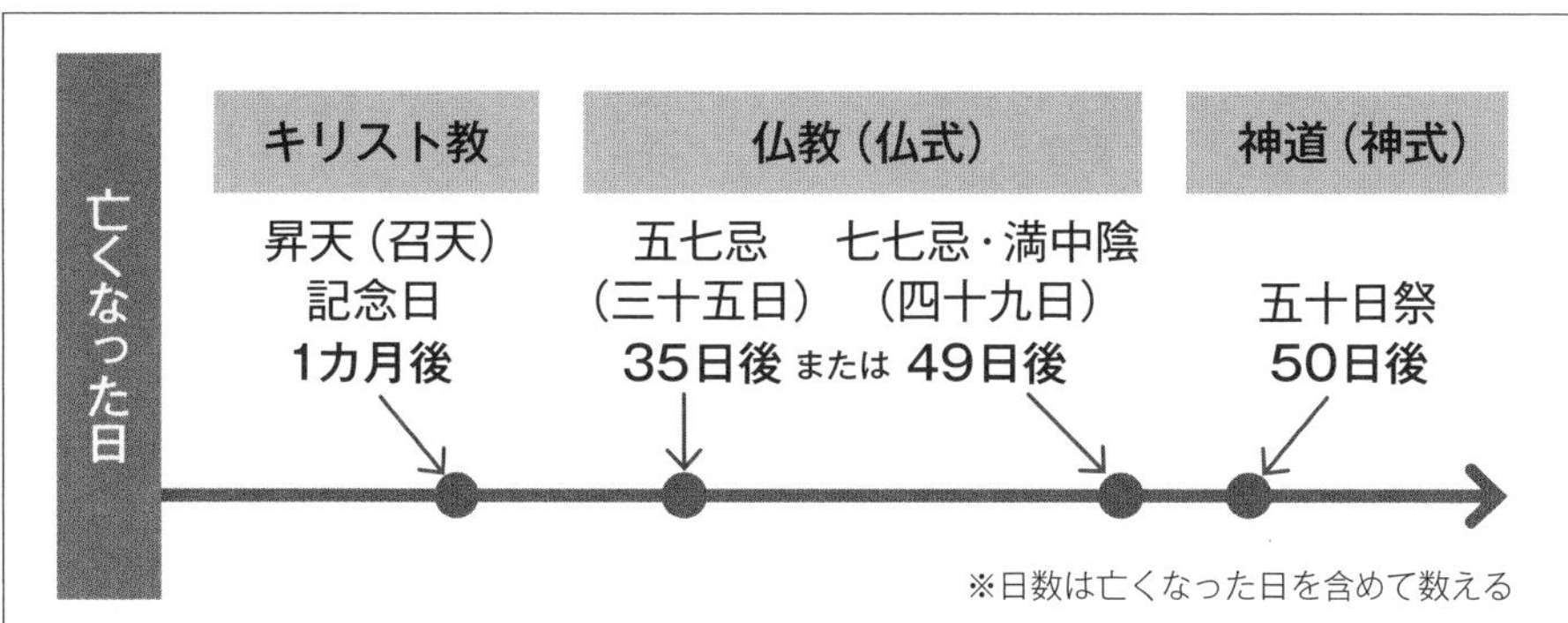

香典返し表書きの例

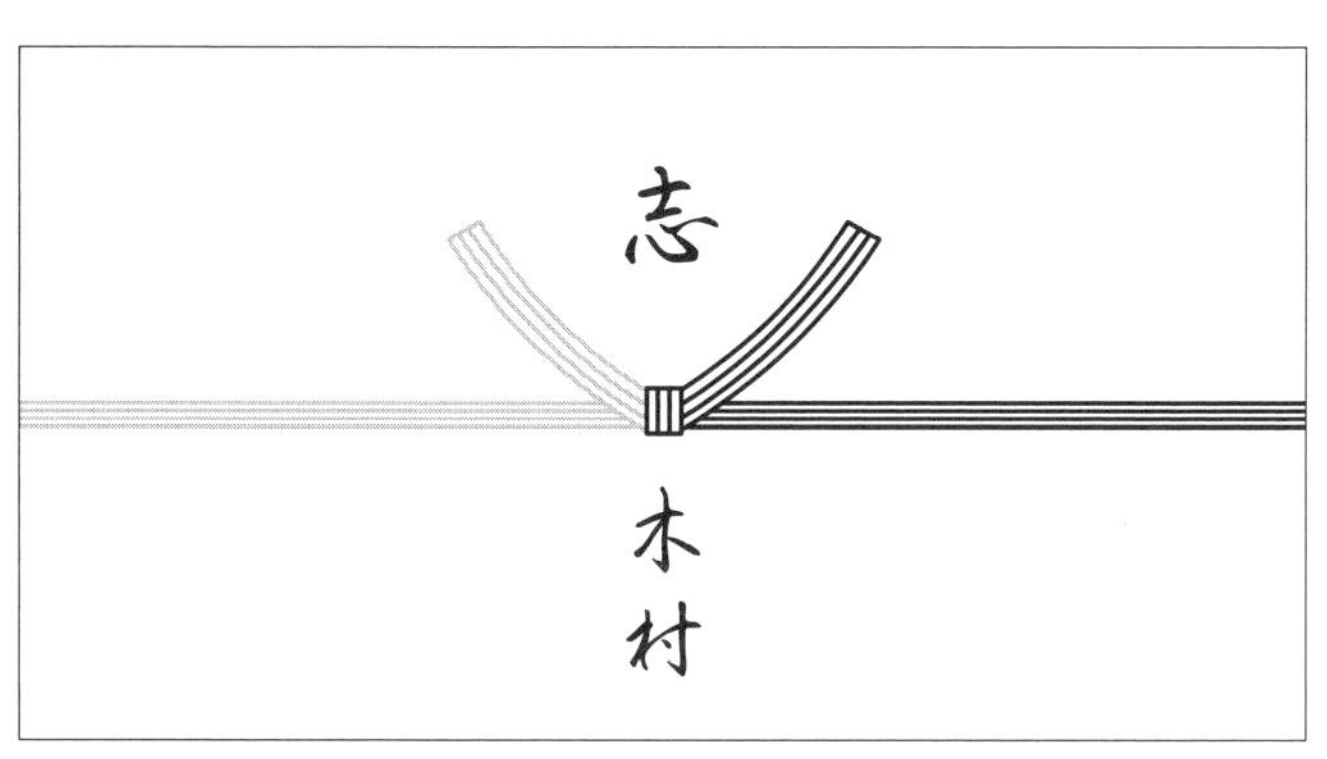

・黒白の水引に、表書きは「志」にすれば、どの宗派でも使える
・名前は喪家の姓を書くのが一般的

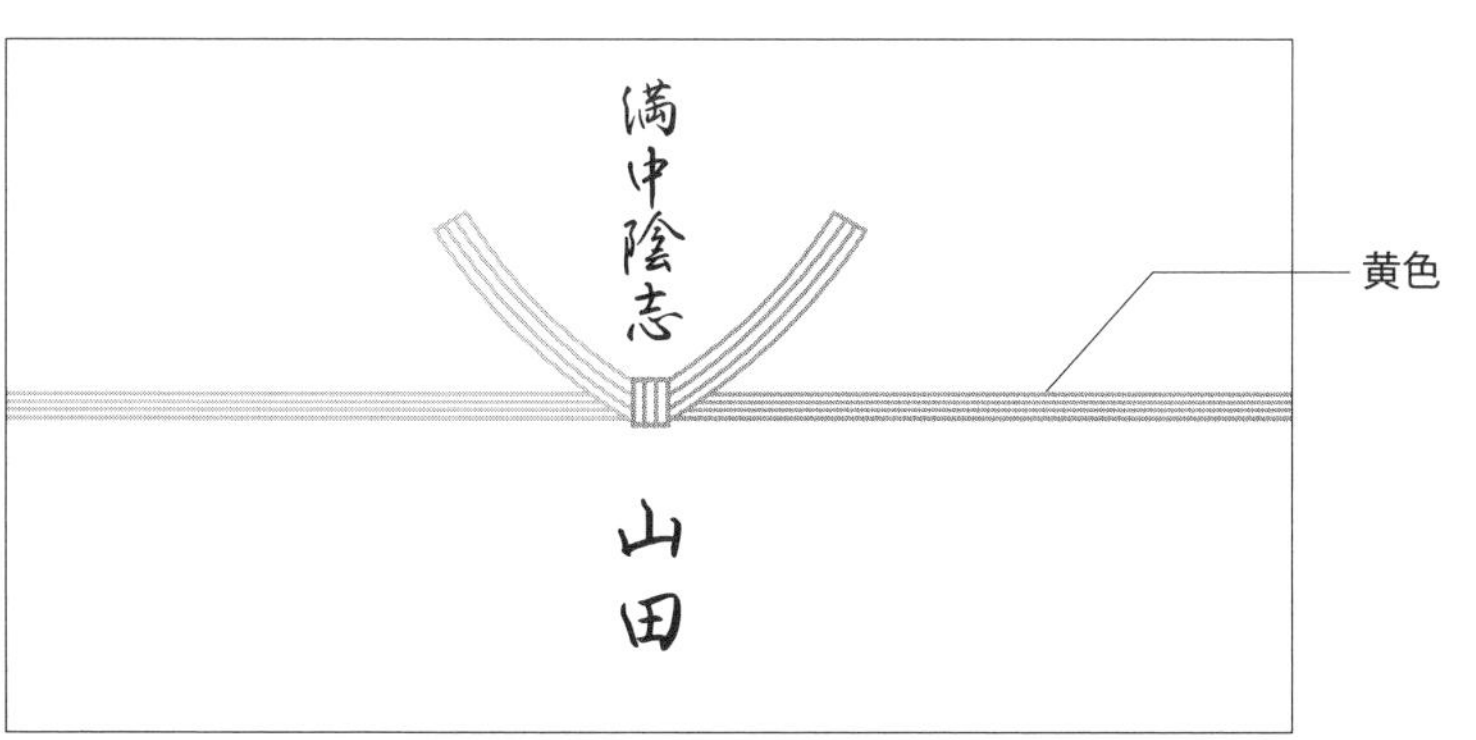

・関西から西日本にかけての一部地域では、黄白の水引に「満中陰志」と書くこともある

香典返しにふさわしくない品物は、肉や魚のほか、慶事で使われるお酒や鰹節、昆布があります。また、金額がわかってしまう商品券も避けたほうが無難です。

葬儀にかかる費用

葬儀を執り行うにあたって、気になることのひとつに費用がどのくらいかかるのか、ということがあるでしょう。葬儀の費用は、大きく分けて①葬儀一式の費用、②飲食接待費などの実費、③宗教者へのお礼の３要素からなります。

葬儀一式の費用は、通夜から葬儀・告別式、火葬までを執り行うためのものです。祭壇の設営費、棺、骨壺、霊柩車の使用料、火葬料などが含まれます。実費は式場利用料のほか、通夜振る舞いや精進落としなど、参列者をもてなすための費用です。遠方から参列してくれた親族の宿泊費や、香典返しの費用も含まれます。宗教者へのお礼は、仏式の場合、お寺へのお布施や戒名をつけてもらったお礼、お車代や御膳料がこれにあたります。

葬儀の費用はこれらすべてを含めたもので、お墓や仏壇を購入すれば、出費はさらに大きくなります。

葬儀一式の費用や実費は葬儀の規模で変わります。最近では少人数で行う家族葬が増えており、葬儀にかかる費用も減少傾向にあります。しかし直葬を選び、僧侶を呼ばなかった場合でも、棺や火葬料、遺体の運搬費用などで 20 万円はかかります。

葬儀費用を納得のいくものにするには、葬儀社から事前に見積もりを取り、よく相談することが必要です。

葬儀にかかる費用の目安

一般葬	家族葬	一日葬	直葬	樹木葬
約200万円	約150万円	50～80万円	20～30万円	約50万円

第4章

弔事のマナーについて

訃報の連絡を受けたら

チェックポイント

□ 親族や親しい友人の場合はすぐに駆けつける。
□ すぐに弔問できなくても、手紙か弔電で弔意を伝えることもできる。

親族の訃報を受けたら すぐに駆けつける

訃報の連絡を受けた場合、親族であれば、故人がどこに安置されているのかを確認し、すぐに駆けつけるようにします。

服装は地味な平服でかまいませんが、喪服も用意しておきましょう。また、遺族には手伝いを申し出ましょう。

親しい友人も すぐに駆けつけたい

親しい友人であれば、やはり平服でかまいませんのですぐに駆けつけます。人手が足りないようなら手伝いを申し出ましょう。

その際、初めから香典や供物を用意するのは失礼に当たります。通夜か葬儀に持参しましょう。

それほど親しい間柄でなければ、すぐに弔問はせず、通夜や葬儀・告別式の日程や場所を確認し、通夜か葬儀のどちらかに参列するようにします。

人づてに逝去を知ったような場合も、いきなり弔問したり、香典を送ったりするのは控えましょう。家族葬を選ぶなど、あえて知らせなかった可能性もあります。遺族に連絡をしてから行動しましょう。

すぐに弔問できなくても 手紙や電報で弔意を示す

訃報の連絡をもらっても、理由があって、すぐに弔問ができない場合、家人に代理で通夜か葬儀に参列してもらうこともできます。あるいは、手紙か弔電で弔意を伝えてもよいでしょう。いずれの場合も、後日あらためて弔問に訪れましょう。

どうしても弔問できない場合は、香典を郵送します。お悔やみと参列できないお詫びの手紙も、同封しましょう。

大切なアドバイス 危篤の知らせを受けたら

危篤を知らせる相手は、「最後に一目だけでも会ってほしい」と思うような、ごく親しい人に限られます。仕事着や普段着のままでかまいませんので、できるだけ早く駆けつけましょう。

連絡を受けたときは、気が動転しがちですが、病院の場所や病室の番号、連絡先はしっかり確認します。

いざというときに備え喪服の用意をすることもありますが、車やコインロッカー、ホテルなどに置いておき、先方に失礼がないようにします。

故人との対面のしかた

故人との対面は遺族からすすめられて行うもので、自分から申し出るのはマナー違反とされる

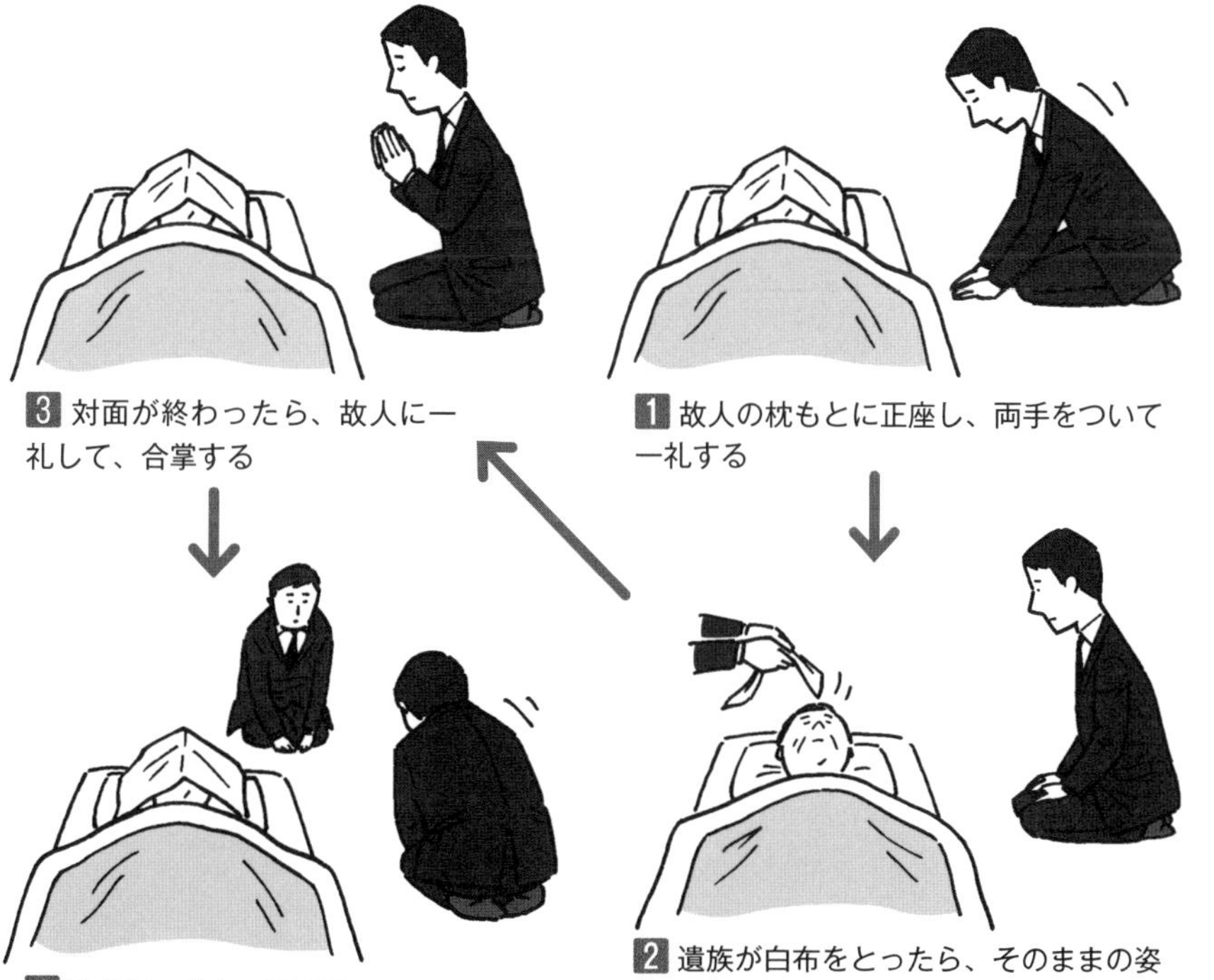

1 故人の枕もとに正座し、両手をついて一礼する

2 遺族が白布をとったら、そのままの姿勢で対面する

3 対面が終わったら、故人に一礼して、合掌する

4 遺族に一礼して下がる

ノート

弔電は NTT や KDDI で扱っています。局番なしの「115」に電話するか、ネットで申し込みます。文例も用意されていますが、自分で作成することもできます。

2 弔事の装い

チェックポイント

□どのような場でも準喪服を着ておけば間違いない。
□男性の準喪服はブラックスーツ、女性はブラックフォーマル。

男性の正喪服

葬儀の際に着る礼服を「喪服」といいます。葬儀では喪服を着ることがマナーですが、**喪服といっても、正喪服、準喪服、略喪服（平服）に分けられます**。最も格調の高い正喪服は、喪主や遺族、葬儀委員長が葬儀・告別式で着用します。男性は黒のモーニングコートに、黒とグレーの縦縞のズボンを合わせます。

和装の場合は、紋付の黒い羽織袴が正喪服となりますが、最近は少なくなってきています。

男性の代表的な正喪服

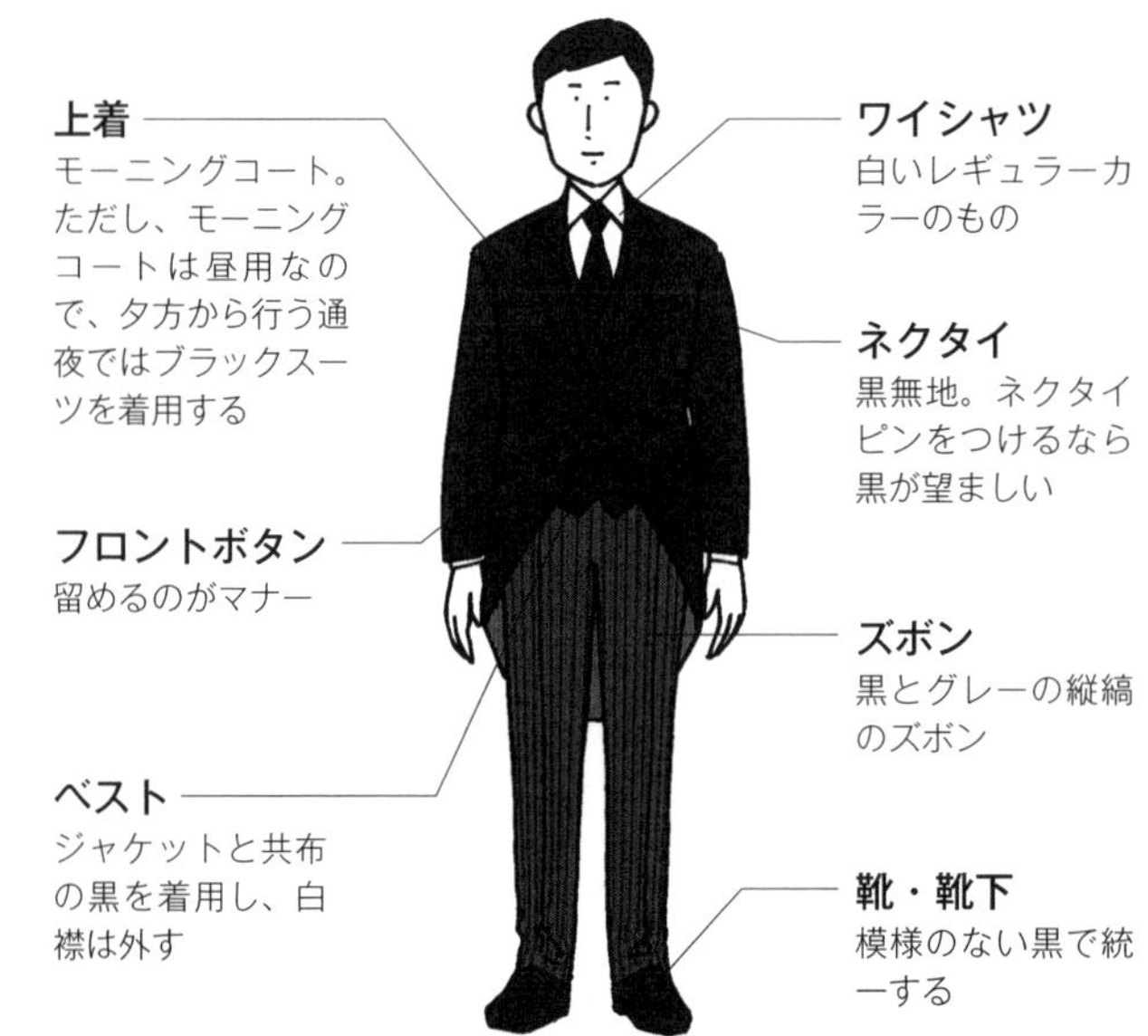

男性の和装

男性の正喪服（和装）は紋付羽織袴が一般的です。黒羽二重（くろはぶたえ）染め抜き五つ紋付を着て、袴は仙台平（せんだいひら）や博多平（はかたひら）を着け、白か黒の足袋（地方によって異なります）、畳表の草履を履きます。

女性の正喪服

女性の洋装の正喪服は、光沢のない黒無地のワンピース、もしくはアンサンブル（ジャケットとワンピースのセットアップになっているもの）やスーツといった黒のフォーマルドレスが該当します。

靴やストッキング、バッグなども黒で統一しましょう。

女性が喪服を着る場合、なるべく肌を見せないようにするのがマナーです。そのため、スカートの丈はひざ下からふくらはぎくらいの長さが一般的とされます。アンサンブルやスーツの上着も基本は長袖になります。夏場はブラウスなどの袖は5~7分丈でかまいませんが、儀式のときは上着を着ます。

女性の代表的な正喪服

喪主や遺族、親族が通夜、葬儀・告別式で着用する

上着
アンサンブルやスーツの上着は長袖。光沢のない黒無地がよい

ボタン
光沢のない黒でシンプルなものとする

バッグ
黒の布製が基本。革製のものはできれば避けたい。ショルダーバッグは望ましくない

スカート
セミタイトやセミフレアがおすすめ。丈は、正座したときに、ひざが隠れる長さがよい

アンサンブルのワンピースやブラウス
黒で襟もとの詰まったもの

ストッキング
黒のストッキングが一般的

靴
黒が基本。シンプルなパンプスがよい

女性の和装
女性の正喪服は黒無地染め抜き五つ紋付で、冬は羽二重（はぶたえ）か一越縮緬（ひとごしちりめん）、夏は駒絽（こまろ）か平絽（ひらろ）が一般的です。帯は黒の袋帯か、名古屋帯の黒喪帯にします。家紋は実家の女紋、あるいは婚家の家紋にします。

ノート

喪主や遺族が和装を着ることもありますが、男性・女性ともに、近年は洋装が多くなっています。特に男性では、喪主以外、和装を着用することはまれです。

男性の準喪服

準喪服はお通夜や葬儀・告別式など、どのような場面でも着用できます。**男性の準喪服はブラックスーツです。**

ブラックスーツは日本独特のもので、慶弔いずれの場合にも着用できます。もともとは「略礼服（略礼服）」とされていましたが、現在では準喪服として扱われています。

一般的に、参列者は喪主よりも装いを軽くするというマナーがありますので、葬儀・告別式に参列する場合は、準喪服のブラックスーツを着用すればよいでしょう。

とはいえ最近では、喪主や遺族でもブラックスーツを着用することが増え、喪主から参列者まで広く使用されるようになりました。

男性の代表的な準喪服

女性の準喪服

女性の準喪服は黒のスーツ、アンサンブル、ワンピースといったフォーマルドレスです。

正喪服との区別はほとんどありませんが、デザインや生地の素材などで許容される範囲が緩くなります。

フリルやリボンなど控えめな装飾があってもかまいません。刺繍も華美なデザインでなければよいとされています。流行をとり入れたデザインのものもありますが、派手になりすぎないよう気をつけましょう。

男性同様、準喪服が一般的な喪服となりますので、遺族、近親者、参列者にかかわらず、広い範囲で着用されます。

女性の代表的な準喪服

親族が通夜、葬儀・告別式で着用。参列者も通夜、葬儀・告別式で着用する

上着
アンサンブルやスーツの上着は長袖。少しデザイン性のあるものでもよい

アクセサリー
基本的には着用しないが、結婚指輪と真珠のものは着用してもかまわない。ただし、二連、三連のネックレスは不幸が「重なる」ことを連想させるので避ける

ストッキング
黒のストッキングが一般的

靴
黒が基本。シンプルなパンプスがよい

ノート　高校生以下の生徒は、男性・女性ともに、学校の制服があれば、それが正式な礼装となります。制服がない場合は、黒や紺など地味な色の服装にします。

男性の略喪服（略礼服）

略喪服は急な弔問や、三回忌以降の法要で参列者が着用するもので、礼服の代わりとなる地味な服装のことをいいます。

「平服」ともいわれ、お別れの会や偲ぶ会で、**「平服でお越しください」といわれた場合は、略喪服を着ます**。「平服」は普段着という意味ではありませんので気をつけましょう。

男性の略喪服は濃紺や濃いグレーのダークスーツです。光沢のある生地は避けましょう。

一周忌までの弔事に招かれた場合、ブラックスーツが無難ですが、最近では通夜、葬儀・告別式でも略喪服で参加する人が増えてきています。

男性の代表的な略喪服（平服）

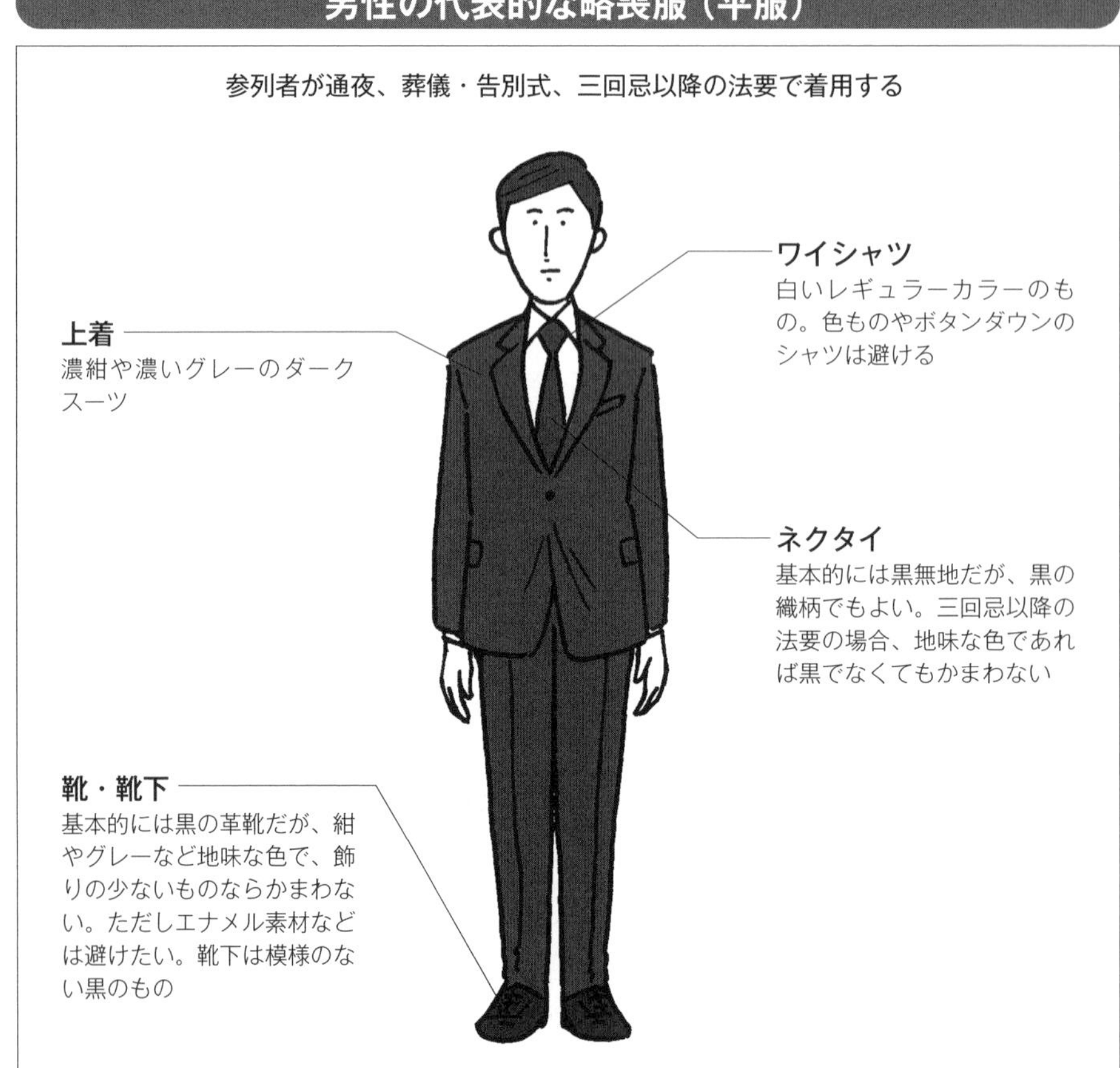

女性の略喪服

女性の略喪服（平服）として一般的なものはダークスーツです。

黒やグレーなど地味な色を選びましょう。基本は無地ですが、シンプルであればチェックやストライプのものでもかまいません。

ワンピースやアンサンブルのスタイルもありますので、自分の好みやマナーの範囲で選ぶとよいでしょう。

近年は喪服についても制約がゆるくなる傾向にあり、遺族や親族でない限り、パンツスーツでの参列も可能です。特に冬場は防寒のメリットもあります。その場合、素材やデザインはオーソドックスなものにし、カジュアルと見られるようなものは避けましょう。

女性の代表的な略喪服（平服）

参列者が通夜、葬儀・告別式、三回忌以降の法要で着用する

上着
黒、紺、グレーなどのダークスーツ。ジャケットは襟もとがつまったものか、空いていれば、中に黒か地味な色のブラウスを着る

ブラウス
黒か地味な色のもので、白はなるべく避ける

パンツやスカート
シンプルなジャケット、ブラウスなどと合わせる

ストッキング
黒かナチュラルな肌色のストッキング

靴
シンプルなパンプスがよい。黒が基本だが、地味な色のものでもよい

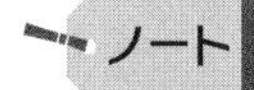

女性のメイクはナチュラルメイクが基本。アイメイクやチークも派手な色は避けます。長い髪は黒のゴムなどで結び、髪飾りは黒のリボンやバレッタを使います。

3 香典・供物・供花のマナー

チェックポイント

□ 香典袋の表書きや水引は宗教によって異なる。
□ 葬儀に花を贈るときは、喪家に問い合わせをする。

香典袋とその表書きは相手の宗教に合わせる

「香典」は、故人の霊前に供える金品のことですが、遺族を経済的に助ける目的もあります。

香典は通夜や告別式に持参し、相手の宗教に合わせた香典袋（不祝儀袋）に包みます。

表書きは「御霊前」が一般的で、どの宗教にも使えます。ただし、仏教（仏式）では四十九日法要からは「御仏前」となります。神道（神式）では「玉串料」や「御榊料」、キリスト教では「お花料」なども使います。

香典袋の書き方

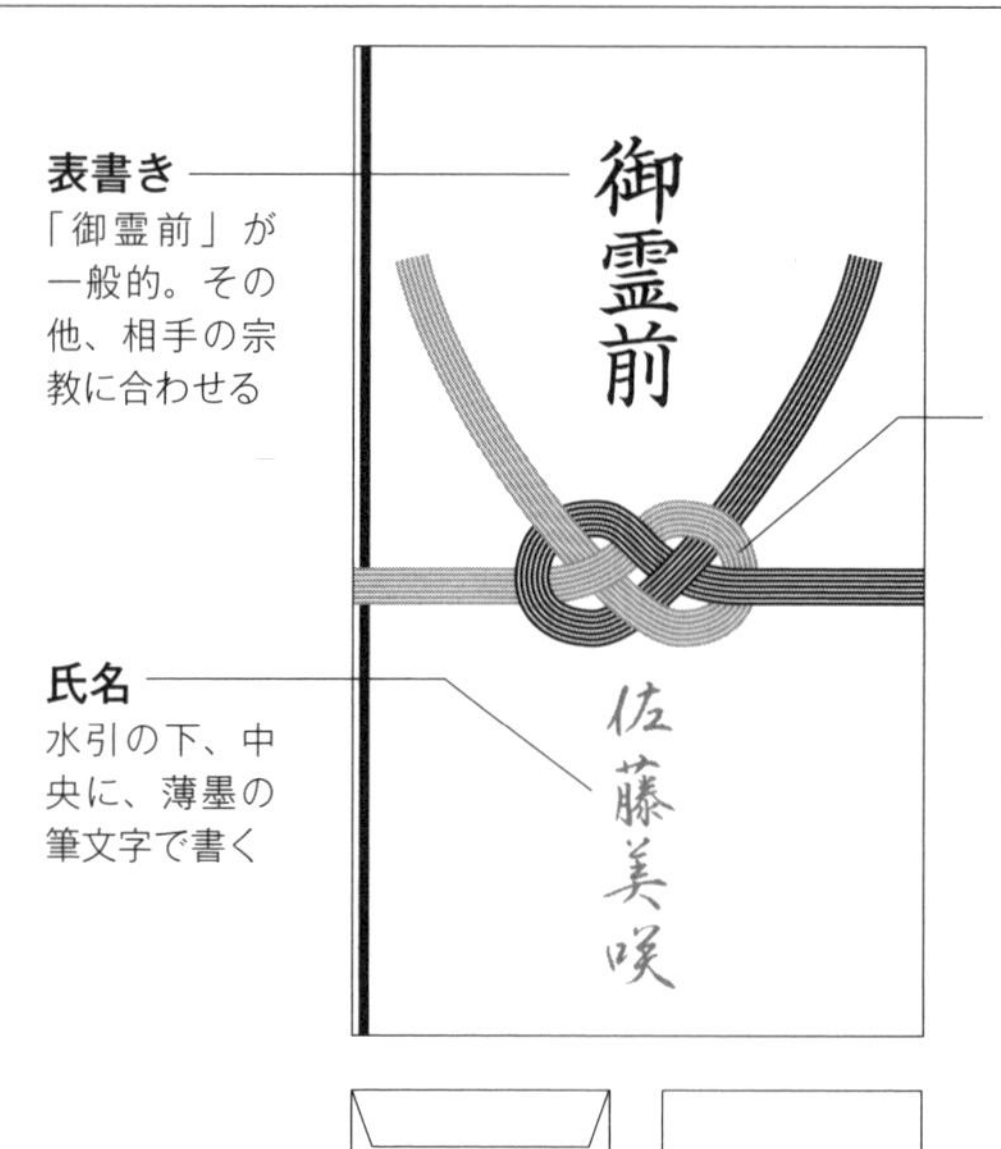

表書き
「御霊前」が一般的。その他、相手の宗教に合わせる

水引
金額が大きい場合は、印刷でなく、実物の水引をかける。色は黒白か双銀の結び切り

氏名
水引の下、中央に、薄墨の筆文字で書く

中袋（表面）
金額を書く。たとえば「一万円」なら、「壱萬円（圓）」と書くのが正式とされるが、実際はどちらでもかまわない

中袋（裏面）
住所と氏名を書く。先方で香典の整理時に必要になる

香典の金額は故人との関係によって変わる

故人と近い関係にあるほど、一般的に、香典の金額も大きくなります。

目安として、**親は5万〜10万円、親以外の親族は1万〜5万円、友人や仕事の関係者は5000〜1万円とされます。**しかし、決まりはありませんので、つき合いの深さや年齢、その地域の習慣などを考慮して対応しましょう。

また、金額に関しては、「死」を連想させる「四」や、「苦」を連想させる「九」、また偶数がつく数字は避けたほうがよいともいわれます。そのため3000円、5000円、1万円、3万円、5万円がよく使われますが、正式なルールではありません。

宗教による香典袋（不祝儀袋）の違い

仏教（仏式）
白無地もしくは蓮の絵柄のついた包みに、水引は黒白か双銀の結び切り。表書きは「御霊前」（浄土真宗では「御霊前」を使わず「御仏前」）のほか、「御香典」「御香料」

共通
白無地の包みに、水引は黒白か双銀の結び切り。表書きは「御霊前」なら、ほとんどの宗教で使える

御花料

佐藤美咲

キリスト教
白無地もしくは十字架や白百合の絵柄のついた包み。水引はなし。表書きは「御花料」「献花料」。カトリックは「御ミサ料」、プロテスタントは「忌慰料」も使う

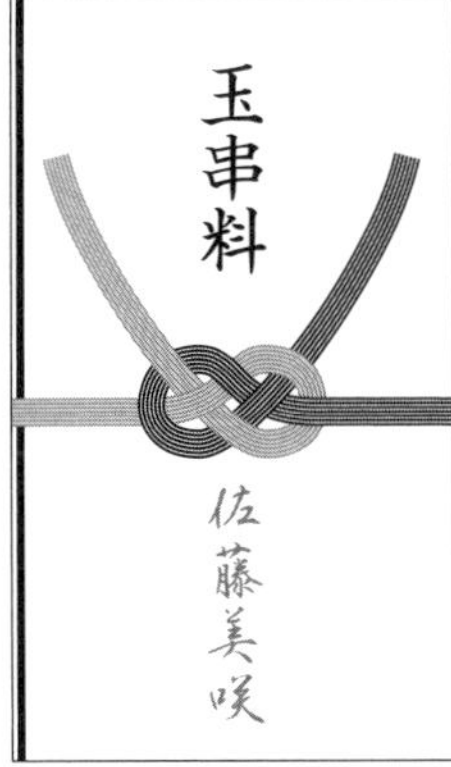

神道（神式）
白無地の包みに、水引は黒白、双銀、双白の結び切り。表書きは「玉串料」「御榊料」「御神前」「御霊前」

香典に新しいお札を使うのは避けられています。しかし、最近は問題ないと考える人もいます。気になる人は新札を一度折ってから香典袋に入れましょう。

香典はふくさに包む

香典を持参するときは、ふくさに包むのがマナーです。ふくさは冠婚葬祭の場で使われるため、慶事用と弔事用があり、ポピュラーな爪付きふくさ、ポケットのついた金封ふくさ、台付きふくさなどの種類があります。

葬儀など弔辞の場合は、**紫や暗色系で無地のものを使います。**紫のふくさは慶弔どちらにも使えますので、一枚もっておくと便利です。また、ふくさは日本の礼儀作法から出た習慣で仏教的な意味はありませんので、神道やキリスト教の葬儀でも使えます。

通夜や告別式で香典を遺族に直接渡すときは、必ずふくさから出して渡すようにします。

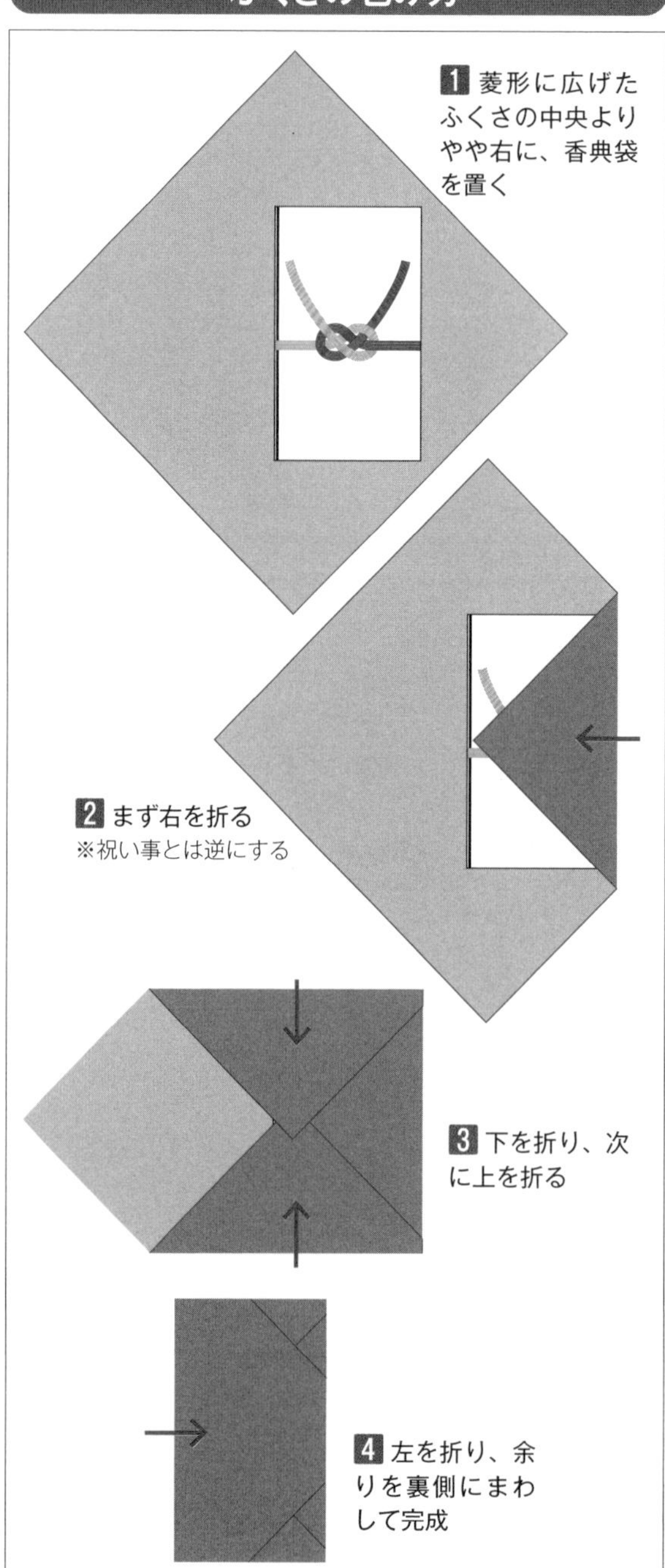

供物(くもつ)・供花(きょうか)は贈る前に遺族に確認する

亡くなった方の霊を慰めるために祭壇のまわりに飾る品物を供物、花を供花といいます。故人や遺族と親しい関係にあった人が冥福(めいふく)を祈って贈ります。

宗教や地域によって習慣が異なり、また飾るスペースなどの問題もありますので、贈る前に遺族の意向を確認しましょう。そのうえで、**葬儀社を教えてもらい、葬儀社を通じて手配をお願いします。**

自分で花屋に注文する場合は、弔事用であることを伝えて、用意してもらいましょう。手配した品物や花は持参するか、お店から配送してもらいます。

供物・供花を贈った場合、本来は香典を包む必要はありません。しかし、葬儀に手ぶらで行くのが気になったり、香典も渡したいと考えるのであれば、香典を持参することは問題ありません。

供物としてよく贈られるもの

仏教（仏式）では、ろうそくや線香、干菓子(ひがし)や果物を贈ることが多いようです。故人の好きだった食べ物を贈るのもよいでしょう。

神道（神式）の場合も、仏式とあまり変わりませんが、海産物やお酒も一般的です。神道では線香は使いませんので控えましょう。

また、キリスト教には供物の習慣がありません。

供花は白い生花が一般的

かつて供花は、造花が多く使われましたが、現在はほとんどが生花です。また、以前は2つセット（一対）で贈るものと考えられていましたが、今は1つ（1基）で贈るケースが増えました。

花は、菊やユリ、カーネーション、胡蝶蘭など白い花が一般的で、薄いピンクや紫の花も使われます。故人の好きだった花を含めることもできますが、**トゲのあるバラや、あまりに派手な花は避けたほうがよいとされます。**

仏教（仏式）や神道（神式）では供花は一般的ですが、キリスト教では少し習慣が違います。カトリックでは、教会での供花が認められないことも多く、その場合は自宅に贈ります。プロテスタントでは生花のみが飾られます。贈る前に遺族に確認しましょう。

ノート　香典を郵送する場合は、現金を入れた香典袋ごと現金書留封筒に入れます。お悔やみの手紙も同封して、必ず現金書留で送ります。

通夜に参列する

チェックポイント

□ 友人や知人の場合でも、通夜に出席することが増えている。
□ 通夜振舞いは誘われたら同席するのがマナーとされる。

通夜だけに参列してもよい

通夜は遺族や故人と深い関わりのある人が集まり、故人の霊を慰め、最後の夜をともに過ごすための儀式です。そのため、特別に親しい間柄でなければ、参列しないものでした。しかし現在では、通夜も、葬儀・告別式と同様に「故人とのお別れ」をするための場となってきています。

昼間に行われる葬儀・告別式よりも出席しやすいという理由から、通夜に参列する人のほうが多くなっています。

通夜と葬儀・告別式、そのどちらか一方しか参列できない場合、**葬儀・告別式に弔問するのが一般的ですが、都合がつかない場合は通夜だけに参列してもかまいません。**故人や遺族と親しい人は、通夜と葬儀・告別式の両方に参列します。その場合、香典は通夜のときに出し、告別式では「昨日もうかがいました」と伝え、記帳のみを行います。

通夜は2時間程度で終わることが多い

かつて「夜通し」で行われていた通夜も、現在では「半通夜」で執り行われることがほとんどです。僧侶の読経と参列者一同の焼香でだいたい1時間くらいかかります。その後の「通夜振る舞い」を含めても2時間程度で終わることが多いようです。

通夜での服装は準喪服、もしくは派手なものでなければ略喪服（平服）でかまいません。

式場には時間の余裕をもって着くようにし、受付を済ませます。受付ではお悔やみの言葉を述べてから、香典を手渡し、記帳を行います。受付が設けられていない場合は、遺族または世話役の人に渡すか、祭壇に供えます。

通夜は、急に連絡がくることも多く、仕事との兼ね合いなどで開始時間に間に合わないこともあります。しかし、30分～1時間程度の遅刻なら、できるかぎり参列しましょう。遅刻した場合は受付や葬儀社のスタッフ、喪主や遺族に遅れたお詫びを述べたうえで、焼香させてもらいます。

通夜振る舞いは誘われたら受ける

通夜の終了後、個人を偲(しの)んで軽い食事をするのが「通夜振る舞い」です。これには故人の供養の意味もありますので、友人や知人であっても、**誘われたら同席し、一口でも箸をつけましょう**。ただし、長居はマナー違反になりますので、頃合いを見計らって遺族に挨拶し、早めに退席します。

お悔やみの言葉

仏教（仏式）	「この度はご愁傷様でございます」 「お悔やみ申し上げます」 ※「ご愁傷様」は口頭でのみ使う言葉で、文面での使用は不適切になる
神道（神式）	「御霊(みたま)のご平安をお祈り申し上げます」
キリスト教	「安らかな眠りにつかれますようお祈り申し上げます」

お悔やみで使いたくない忌み言葉

直接的に死を連想させる言葉	「死」「死亡」「急死」 ※「逝去」「永眠」「突然のこと」などにいいかえる
重ね言葉	「重ね重ね」「ますます」「たびたび」「かえすがえす」 ※不幸が重なるイメージがあるので避ける
仏式以外で使わない言葉	「冥福」「成仏」「供養」 ※「冥福」は浄土真宗でも使用しない

西日本には通夜振る舞いの風習がなく、「通夜料理」として近親者だけで食事をするのが一般的です。自分の地域としきたりが違う場合は、相手に合わせましょう。

葬儀・告別式に参列する

チェックポイント

- □一般の会葬者も開始時間に遅れず、葬儀から参列する。
- □告別式の後もしばらく会場に残って出棺を見送る。

一般の会葬者も葬儀から参列する

葬儀は本来、故人をあの世へと送る宗教儀式で、遺族や親族、特別に親しい人たちのみで行うものでした。葬儀の後の告別式は、故人と親交のあった人たちが集まり、最後のお別れをする会です。

現在では、時間的な制約などから葬儀を簡略化し、告別式とまとめて行うことが多くなりました。その場合は、一般の会葬者も葬儀から参列することになります。

最近では、後日、「お別れの会」を開くこともあります。

葬儀・告別式では遅刻は厳禁

一般会葬者の葬儀・告別式での服装は、男性ならブラックスーツ、女性なら黒のフォーマルドレスといった準喪服が無難です。

葬儀・告別式は通夜とは違い、遅刻は厳禁です。時間に余裕をもって出発し、必ず開始時刻の前に到着するようにしましょう。

会場に到着したら、まずは受付を済ませます。お悔やみの言葉を述べ、香典を渡し、芳名帳に記帳します。通夜にも参列してすでに香典を出している場合は、その旨を述べて記帳だけをします。

受付の後は、席に座って、僧侶の到着を待ちます。このときに、**喪主や遺族のところへ挨拶に出向くのは控えましょう**。また、知り合いと遭遇しても、私語はつつしみ、厳粛に開始を待ちます。

葬儀では読経（どきょう）、焼香が行われます。焼香は喪主、遺族、親族、一般会葬者の順になります。自分の番がまわってきたら、前の人との間隔が開きすぎないように注意して焼香に向かいましょう。

弔電の読み上げや弔辞の後、棺に花を納めて故人への最後のお別れをします。喪主による挨拶があり、葬儀・告別式は終わりです。

告別式の後も残って出棺を見送る

告別式が終わると、出棺が行われます。一般の会葬者も、できるだけ火葬場に向かう霊柩車を見送るようにしましょう。

出棺まで、屋外で待つこともあります。冬などは待ち時間にコートを着てもよいですが、いよいよ出棺というときには、コートを脱ぎ、喪服で見送りましょう。雨天の場合には黒い傘を用意します。

出棺のときには黙礼か合掌をして、故人を送り出します。

もし火葬場まで同行をお願いされたなら、できるだけ同行します。また、**火葬場まで同行したい場合には、必ず前日までに遺族の許可をとりましょう。**

受付での作法

1「この度はご愁傷様でございます」など、手短にお悔やみの言葉を述べる

2 ふくさから香典をとり出す。表書きと氏名が相手から読めるよう向きをかえ、「ご霊前にお供えください」などと述べながら、両手で差し出す
※通夜のときに香典を渡している場合は、そのことを伝えて記帳だけをする

3 芳名帳（芳名カード）に住所と氏名を記帳する
※故人と仕事上のつき合いであったなら、会社名と会社の所在地を書く

ノート 親族が亡くなり、会社や学校に連絡して「忌引き休暇」をとる場合もあります。法で定められたものではないので、休める日数は就業規則や学則に従いましょう。

仏式の葬儀での作法

チェックポイント
- □ 焼香の基本的な作法を身につけておく。
- □ 合掌のときの数珠（じゅず）の用い方も知っておく。

身を清め、仏や故人と向き合う儀式

仏教（仏式）の通夜、葬儀・告別式では「焼香」が行われます。焼香とは、香木を細かく砕いた「抹香（まっこう）」を、香炉に落として炊くことをいいます。焼香は、香によって自身の身を清め、仏や故人に向き合う儀式とされます。

焼香には、立って行う「立礼焼香（りつれいしょうこう）」、座って行う「座礼焼香（ざれいしょうこう）」、お盆に乗せられた焼香台を参列者に順番にまわす「回し焼香」の3種類があります。

宗派によって焼香の作法は様々で、「自分の前の人のまねをすればよい」ともいわれますが、基本的な作法は覚えておきましょう。

焼香の基本的な作法

立礼焼香は最もよく行われる形式です。まず、遺族と僧侶に一礼し、遺影の前に置かれた焼香台まで進みます。焼香台の前では遺影に向かって一礼します。

抹香を右手の親指、人差し指、中指でつまみ、目の高さまで上げます（これを「押しいただく」といいます）。次に抹香を静かに香炉にくべます。**回数は宗派によって違いますが、一般的には2回ほど行います**。基本的には自分の家の宗派の作法で行います。参列者が多い場合は1回で済ませることもあります。

焼香を済ませたら、遺影に合掌し、一礼します。一歩下がり、遺族に対しても再度一礼し、席に戻ります。

座礼焼香や回し焼香でも、基本的な流れは立礼焼香と変わりません。ですが、座礼焼香では「膝行（しっこう）・膝退（しったい）」という独特の作法があります。これは自分の席から焼香台まで移動する際、正座をしたまま、手と膝を使って移動する方法です。

このとき、手はこぶしをにぎり、親指を立てます。

葬儀で線香をあげる場合も、焼香と流れは変わりません。1~3本の線香に火をつけ、手で仰いで火を消します。**息を吹きかけて火を消すのはマナー違反です。**

線香をあげたら、合掌して故人の冥福を祈ります。

合掌の際は数珠を用いる

焼香や線香をあげる際には合掌をしますが、このときには数珠を用います。数珠は、合掌のときには両手の親指と人差し指の間にかけ、それ以外のときには左手にかけて持つのが一般的です。

なお、数珠は仏具であるため、神道（神式）やキリスト教の通夜や葬儀には使用しません。

立礼焼香の作法

1 焼香台まで進み、遺影に向かって一礼。抹香を右手の親指、人差し指、中指でつまむ

2 頭を軽く下げ、抹香をつまんだ右手を目の高さまで上げる

3 次に抹香を静かに香炉にくべる。これを２回行う

4 遺影に向かって合掌し、一礼。一歩下がり、遺族に一礼して席に戻る

数珠は宗派によって形状などに違いがあります。最近は数珠を使わない人も増えましたが、自分の家の宗派のものでよいので持参しましょう。

7 神式・キリスト教式の葬儀での作法

チェックポイント

□ 神式では榊を祭壇に奉納する玉串奉奠が行われる。
□ キリスト教では献花が行われ、白い花を献花台に供える。

神道（神式）で行われる玉串奉奠の儀式

神道（神式）の通夜祭、葬場祭では、玉串奉奠が行われます。

玉串とは、榊の枝に紙垂（四手）という紙片を下げたもので、神様が宿るものとされています。玉串を祭壇に奉納し、故人の冥福を祈ります。

玉串奉奠では、玉串を奉納したあと、最後に二度柏手を打ちますが、**手のひらを合わせる寸前で止め、音が鳴らないようにします**。これを「しのび手」といいます。

玉串奉奠の作法

1 神職から玉串を受けとる。右手で枝を上から持ち、左手で葉先を下から支える
2 葉先が祭壇に向くように持ち直す。案（玉串を置く台）の前に進み、一礼する
3 右手と左手を持ちかえ、時計回りにまわす。根もとを祭壇に向けて供える
4 二礼のあと、音が鳴らないように二度柏手を打つ。再び一礼する

キリスト教式では献花が行われる

キリスト教式の通夜、葬儀ではカトリックでもプロテスタントでも「献花」が行われるのが一般的です。ただしこれは日本での習慣で、海外では行われていません。

献花は故人の安息を祈り、お別れの気持ちを示す儀式で、**カーネーションや百合などの白い花を献花台に供えます**。故人の好きだった花が使われることもあります。

献花を行う順番は、仏教（仏式）の焼香と同じで、喪主、遺族、親族、参列者となります。

献花の際、カトリックは十字を切り、プロテスタントは胸の前で手を組みます。ただし、信者でなければ黙とうや一礼で済ませてかまいません。

献花の作法

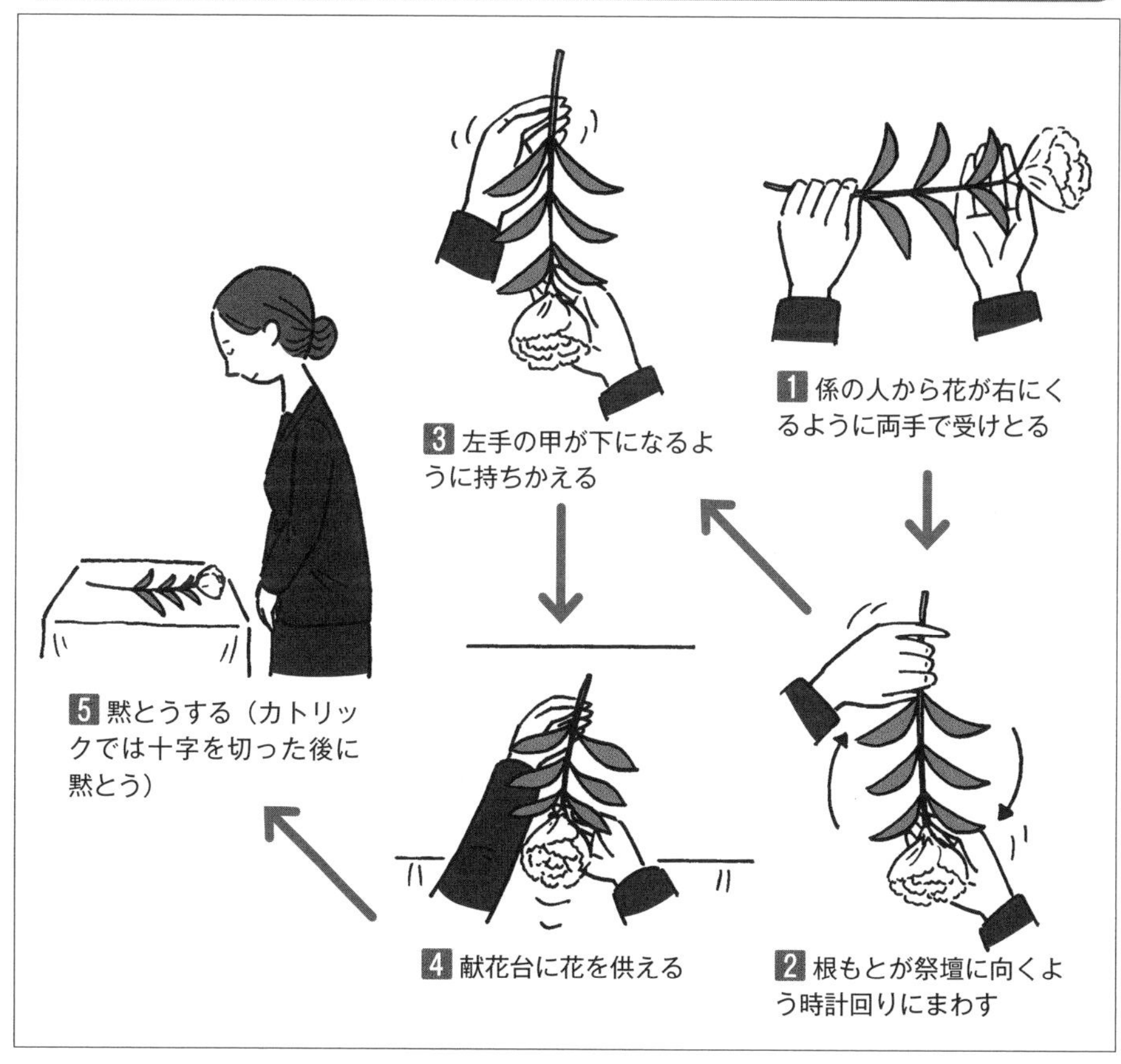

1 係の人から花が右にくるように両手で受けとる
2 根もとが祭壇に向くよう時計回りにまわす
3 左手の甲が下になるように持ちかえる
4 献花台に花を供える
5 黙とうする（カトリックでは十字を切った後に黙とう）

ノート　キリスト教だけでなく、最近では、無宗教の葬儀やお別れの会でも献花が行われるようになっています。

葬儀・告別式の後に行うこと

チェックポイント
- □ 香典返しのお礼は不要。むしろ失礼ととられかねない。
- □ 法要に招かれたら原則として出席する。

香典返しのお礼は不要

葬儀に参列し、香典を渡すと、四十九日法要の後に香典返しが送られてくることがあります。

香典返しは、香典を贈ったお礼として送られてきたものですから、それに対するお礼は不要です。お礼に対してお礼を返すのは、むしろ、失礼にあたると考えられています。

しかし、もらいっぱなしにしておくのも気が引ける、という場合は、喪主に「香典返しが到着しました」という報告をしてもよいでしょう。電話、手紙やはがき、メールなどで報告しますが、いずれの場合も、**「ありがとうございます」というお礼の表現は使わず、「大変恐縮です」などの言葉を使いましょう**。また、到着の報告とあわせて、相手を気づかうお見舞いの言葉を添えるのがよいでしょう。

電話の場合は、相手が忙しいことを考慮し、長電話になるのを避けます。普段あまり連絡をとり合っていない間柄なら、手紙やはがきでもかまいません。

メールでの報告は、相手が年配だったり、目上だったりする場合は控えたほうがよいでしょう。

喪中はがきには喪中見舞いなどを返す

喪中はがき（年賀欠礼状）は、年賀状を出さないことを知らせるための挨拶状で、11月から12月中旬ごろに届きます。

喪中はがきで相手方の不幸を知るケースはよくあります。それまで知らせてこなかったのは先方に考えがあってのことですから、「なぜ知らせてくれなかったのか」などと問い詰めるのは失礼です。

喪中はがきを受けとったら、年賀状を出すのを控えますが、その代わりに喪中見舞いや年始状、寒

中見舞いを出します。

すぐにお悔やみを伝えたい場合は、年内に喪中見舞いを出すとよいでしょう。喪中見舞いには、喪中はがきをいただいたお礼、不幸を知らなかったことに対するお詫び、お悔やみの言葉、慰めや励ましの言葉を書きます。

年始状はお祝いの言葉を使わない挨拶状で、元旦以降、松の内（東日本は1月7日、西日本は1月15日）までの間に出します。「おめでとう」などのお祝いの言葉を避け、自分の慶事（結婚や出産など）の報告もしません。家族の写真も使わないほうがよいでしょう。

寒中見舞いは松の内が開けてから節分までの間に出します。年始状と同様、お祝いの言葉は使わず、自分の慶事の報告は避けましょう。

普通の郵便はがきを使い、喪中はがきをいただいたお礼と、お悔やみや慰めの言葉を書きます。喪中見舞いをすでに出している場合、あらためて寒中見舞いを出す必要はありません。

法要に招かれたら出席するのがマナー

四十九日や一周忌などの法要に招かれたら、原則として出席するのがマナーです。先方の準備もあるので、案内状が届いたらすぐに返事をします。

法要の当日は、不祝儀袋に「御仏前」として現金を包むか、供物（くもつ）を持参します。欠席する場合は、法要当日までに供物か供物料（現金）を送ります。

服装は一周忌までは準喪服、一周忌以降は地味な略喪服（平服）とします。

大切なアドバイス　喪中の相手に年賀状は出さない

たとえ喪中はがき（年賀欠礼状）が届いていない場合でも、相手方に不幸があったことを知っているなら、こちらから年賀状を出すのは控えます。

また、不幸があったことを知らずに送ってしまった場合は、すぐにお詫びの手紙を出すとよいでしょう。お悔やみの言葉とともに、「この度は○○様ご逝去と存じ上げず、年始状を差し上げてしまい、大変失礼いたしました」などと書いてお詫びしましょう。なお、相手方が年賀状を希望している場合は、この限りではありません。

ノート　故人の遺品を親しい人に贈るのが「形見分け」です。形見分けの申し出を受けたなら、特別な理由がないかぎり、受けとるのがマナーです。返礼の必要はありません。

Column

弔辞を依頼されたら

弔辞は、故人と親しい関係にあった人が、通夜や告別式などで故人に向けて贈る最後の言葉です。遺族も故人との関係を考え、「この人に最後のお別れの言葉をお願いしたい」という気持ちで依頼します。頼まれた場合は、よほどの事情がないかぎり引き受けましょう。

とはいえ、弔辞は頻繁に依頼されるものではないため、どのような内容にすればよいか戸惑う人も多いでしょう。一般的に弔辞の中で語られることは、以下のような内容です。

●故人の死を悼み、故人が亡くなったことを惜しむ言葉

●故人との関係と思い出について

●故人の人柄や実績について

●故人の冥福を祈る言葉や、残された遺族への励まし

これらを３分くらいの内容にまとめます。葬儀という厳粛な場ですが、弔辞は故人に対し話しかけるものですから、必要以上に形式的な言い方にする必要はありません。自分の言葉で最後の別れを告げましょう。

弔辞を書くときは、巻紙や奉書紙に薄墨で書くのが正式ですが、最近では白無地の便箋や、プリントアウトされたものも使われます。

基本的に弔辞は遺族から依頼されるものですが、故人が自分にとって大切な人で、どうしてもお別れの言葉を述べたいときは、遺族や世話人に弔辞を読むことを申し出ることも可能です。その場合は、できるだけ早く遺族に連絡し、自分の思いを告げてお願いしてみましょう。そうした思いを汲んでくれる遺族は多いはずです。

第5章

葬儀後の諸手続き

葬儀後の諸手続き一覧

チェックポイント

□ ほとんどの手続きにはそれぞれ期限がある。
□ 不明な点があれば、手続きを行う機関に連絡して詳細を確認する。

14日以内

年金受給者死亡届の提出
〈国民年金は死後14日以内、厚生年金は死後10日以内〉
市区町村役場／年金事務所／街角の年金相談センターで手続き↓116ページ

国民健康保険資格喪失届の提出
市区町村役場などで手続き↓119ページ

後期高齢者医療資格喪失届の提出
市区町村役場で手続き↓119ページ

介護保険資格喪失届の提出
市区町村役場で手続き↓119ページ

2年以内

高額療養費支給申請書の提出
〈診療を受けた翌月から2年以内〉
市区町村役場／健康保険組合で手続き↓124ページ

死亡一時金の請求
市区町村役場で手続き↓138ページ

3年以内

死亡保険金の請求
各保険会社で手続き↓130ページ

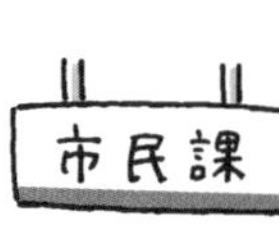

4カ月以内

遺族の国民健康保険への加入
※被用者保険に加入していた故人の扶養家族の場合
市区町村役場で手続き→118ページ

世帯主変更届の提出
市区町村役場で手続き→120ページ

故人の所得税の申告
税務署で手続き→146ページ

10カ月以内

相続税の申告
税務署で手続き→216ページ

2年以内

葬祭費の申請〈葬儀から2年以内〉
市区町村役場で手続き→122ページ

埋葬料（費）の申請
健康保険組合などで手続き→122ページ

5年以内

未支給年金の受給〈権利が発生してから5年以内〉
年金事務所／街角の年金相談センターで手続き→117ページ

遺族基礎年金の受給
市区町村役場で手続き→132ページ

遺族厚生年金の受給
年金事務所／街角の年金相談センターで手続き→140ページ

寡婦年金の受給
市区町村役場で手続き→136ページ

期限なし

児童扶養手当の受給
市区町村役場で手続き→144ページ

※相続の手続きについては第7章で詳しく説明します。

2 手続きに必要な書類をそろえる

チェックポイント
- □戸籍の写しは本籍地の市区町村役場で申請する。
- □住民票の写しは居住地の市区町村役場で取得できる。

戸籍の写しを取得する

戸籍は個人の氏名や出生、親族関係や身分などを載せた公簿です。その写しである**戸籍謄本や戸籍抄本は、故人との関係を証明する書類で、故人名義の生命保険の死亡保険金請求や、電話加入権、銀行預金、郵便貯金の名義変更などに使われます**。

戸籍の写しは本籍地の市区町村役場で取得できます。請求するときには届出人の本人確認書類（運転免許証、パスポート、マイナンバーカードなど）が必要です。

本籍地が遠方であるなど、直接役所に出向けない場合は、郵送で請求と取り寄せを行います。

戸籍に記載されている全員の身分事項を証明するものが戸籍謄本（戸籍全部事項証明）で、一人もしくは複数人に関するものが戸籍抄本（戸籍個人事項証明）になります。取得手数料はともに1通450円です。

結婚や死亡によって、一つの戸籍から全員が除かれると、除籍簿として扱われます。除籍簿に記載された全員の写しが除籍謄本（除籍全部事項証明）、除籍簿にある特定の人の記載を写したものが除籍抄本（除籍個人事項証明）です。取得手数料は750円です。

2017（平成29）年5月から、全国の法務局で「法定相続情報証明制度」が始まりました。

故人の相続関係を証明する戸籍謄本や戸籍抄本（「戸籍謄抄本」と略されます）は、ときには数十通を超える束になることがあります。しかし、**法定相続情報証明制度を利用し、法務局に戸籍謄抄本の束と「法定相続情報一覧図」（届出人が自分で作成する家系図のような表）を提出すれば、登記官がその一覧図に認証文を付した写しを無料で交付してくれます**。その写しは戸籍謄抄本の代わりにとして、各種の相続手続きに使うことができます。

住民票の写しを取得する

住民票は、住民に関する氏名や住所などを記載した公簿です。居住地の市区町村役場に申請することで、住民票の写しを取得することができます。

住民票にも世帯全員分の写し（謄本）と、世帯一部の写し（抄本）があります。

申請する際には、届出人の本人確認書類（運転免許証、パスポート、マイナンバーカードなど）が必要です。手数料は300円程度です。また、**マイナンバーカードを利用すれば、コンビニでの取得が可能な市区町村もあります。**

印鑑登録証明書を取得する

相続に関わるものなど重要な文書では、**実印による押印と印鑑登録証明書の提出を求められます。**

印鑑は役所に登録することで「実印（自分だけの印鑑）」となります。この手続きが印鑑登録です。

印鑑登録後、「印鑑登録証（印鑑登録カード）」が交付されます。

印鑑登録証明書は市区町村役場や証明サービスコーナーで発行されます。本人が手続きに行く場合は、印鑑登録証かマイナンバーカード、それに本人確認書類を持参します。手数料は300円程度です。また、**マイナンバーカードを使えばコンビニでも取得が可能な市区町村もあります。**

大切なアドバイス　戸籍や住民票の写しを取得できる人

戸籍謄本など戸籍の写しを請求できるのは、原則、①請求する戸籍に記載されている本人と本人の配偶者、②本人から見て直系尊属（父母・祖父母など）・直系卑属（子・孫など）です。代理人も立てられますが、本人の委任状が必要です。住民票の写しは、本人または本人と同一世帯の人なら請求ができます。代理人は本人または同一世帯の人からの委任状が必要です。

また、請求には届出人の身分証明書が必要です。官公署発行の写真付き証明書なら１種類、それ以外なら２種類の提示が要求されます。

ノート　戸籍謄本や住民票、印鑑登録証明書について、書類の提出先から有効期限が示される場合があります。書類の取得後は、すみやかに手続きを行いましょう。

年金受給を停止する手続き

チェックポイント

□受給停止の手続きは期日内にすみやかに行う。
□未支給の年金があれば、同時に請求する。

年金受給権者死亡届をすみやかに提出する

故人が国民年金や厚生年金を受け取っていた場合、年金の給付を止める手続きをしなければなりません。

年金受給資格は亡くなった日の翌日に喪失します。年金は亡くなった月の分まではもらえますが、受給停止の手続きをしないと、その月以降も年金が支払われ続けます。その場合、過払い分を後日まとめて返却しなければならず、また手続きも複雑です。

国民年金は死亡後14日以内、厚生年金は死後10日以内に「年金受給権者死亡届」を提出します。

「年金受給権者死亡届」の届出先は、厚生年金保険の年金と国民年金の老齢基礎年金の場合、故人の住所地を管轄する年金事務所か「街角の年金相談センター」となります。

老齢基礎年金のみ、障害基礎年金のみ、遺族基礎年金のみの場合は、故人の住所地の市区町村役場の国民年金担当窓口になります。

ただし、故人の個人番号（マイナンバー）が日本年金機構に登録されていれば、「年金受給権者死亡届」の提出は必要ありません。

年金受給権者死亡届とあわせて提出する書類

「年金受給権者死亡届」を提出するときは、**故人の年金証書と死亡を証明する書類（住民票の除票、戸籍謄本または戸籍抄本、死亡診断書のコピーなど）をあわせて提出します。**

「年金受給権者死亡届」の用紙は年金事務所や街角の年金相談センターでもらえるほか、「ねんきんダイヤル」に電話すれば郵送してもらえます。ダウンロードもできます。

未払い分の年金があれば同時に請求する

年金は年6回に分けて2カ月ごとに支払われます。そのため、前回の受給から亡くなった月までの分が未払いとなることがあります。

その場合、受給停止の手続きと同時に、未支給年金の請求手続きを行います。

必要な書類は次のようになります。

①未支給年金・未支給付金請求書（「年金受給権者死亡届」と一綴りになっている）
②故人の年金証書
③故人と届出人の続柄が確認できる書類（戸籍謄本、法定相続情報一覧図の写しなど）
④故人と届出人が生計を同じくしていたことがわかる書類（故人の住民票の除票と届出人の世帯全員の住民票など）
⑤未支給年金を振り込む金融機関の通帳
⑥故人と届出人の住所が異なる場合、生計が同一であることを証明する書類

また、未支給年金を請求できるのは故人と生計を同じくしていた遺族で、順位は以下になります。

①配偶者
②子
③父母
④孫
⑤祖父母
⑥兄弟姉妹
⑦その他（①〜⑥以外の3親等内の親族）

届出先は年金事務所か「街角の年金相談センター」になります。

大切なアドバイス　年金に関する相談窓口

年金に関するほとんどの手続きは複雑ですから、わからないことがどうしても出てきます。

すぐに電話で相談できる窓口としては、「ねんきんダイヤル（0570-05-1165）」があります。

また、対面での相談窓口として、全国41都道府県の80カ所に社会保険労務士などが対応する「街角の年金相談センター」が設置されており、無料で利用できます。利用について、詳しいことはホームページなどで確認してください。

健康保険の資格喪失手続き

チェックポイント

□ 被用者保険の資格喪失手続きは会社が行うケースがほとんど。
□ 国保の場合は、遺族が故人の死後14日以内に行う。

どの保険に加入していたか確認する

日本の公的医療保険には、被用者保険、地域保険、後期高齢者医療制度があります。

被用者保険には大きく分けて、組合健保、協会けんぽ、各種共済組合、船員保険があり、会社員や公務員が加入します。

地域保険には、国民健康保険（国保）と国民健康保険組合があります。国保には主に自営業者や会社を退職した人など、国民健康保険組合には自営業で同じ事業や業務に従事する人が加入します。

後期高齢者医療制度は、75歳以上の人と、65歳以上で一定の障害があると判断された人が加入します。

これらに加入していた人が亡くなると、すみやかに手続きをして、健康保険証を返却する必要があります。**まずはどの保険に入っていたか、健康保険証などで確認しましょう。**

被用者保険の資格喪失手続き

協会けんぽなどに加入していた人が亡くなった場合、健康保険・厚生年金保険被保険者資格喪失届を年金事務所に提出しなければいけませんが、これはほとんどの場合、会社が手続きをしてくれます。

気をつけなければいけないのは、世帯主が被用者保険に加入しており、遺族が扶養家族となっていたケースです。この場合、世帯主が亡くなると同時に扶養家族も保険の資格を失ってしまいます。そのため、**遺族は国保などに加入するか、他の家族の扶養に入る必要があります。**

故人の保険証を返却すると、健康保険資格喪失証明書が発行されます。国保に加入する場合は、この証明書と本人確認の書類を、故人が死亡した日から14日以内に市区町村役場に提出し、加入の申請をしましょう。

無保険状態が続くと、医療費が全額自己負担になるほか、無保険状態であった期間の保険料を最長2年さかのぼって請求されます。

国保の資格喪失手続き

故人が自営業者などであって国保に加入していた場合、資格喪失の手続きを遺族が行わなければなりません。

遺族は、国保の被保険者が亡くなってから14日以内に市区町村役場の保険年金課で資格喪失の手続きをするとともに、保険証を返還します。代理人を立てることもできますが、その場合は委任状が必要となります。

手続きの際に必要となるものは次の通りです。

①国民健康保険資格喪失届
②国民健康保険の保険証
③死亡を証明する書類（戸籍謄本、死亡届のコピーなど）
④届出人の本人確認資料
⑤認印（不要の場合もあります）

また、世帯主が亡くなった場合は、家族全員の保険証の差し替えが必要となります。

後期高齢者医療制度の資格喪失手続き

故人が後期高齢者医療制度に加入していた場合も、資格喪失の手続きをします。多くの場合は死亡届を提出すれば資格喪失の手続きが行われますが、市区町村によっては後期高齢者医療資格喪失届が必要になることがあります。

その場合、死後14日以内に市区町村役場へ後期高齢者医療資格喪失届を提出するとともに、保険証を返還します。

限度額適用・標準負担額減額認定証や特定疾病療養受領証をもっていた場合は、それらも一緒に返還します。

介護保険の保険証も返還する

故人が65歳以上で介護保険の被保険者（第1号被保険者）だった場合は、14日以内に市区町村役場へ介護保険資格喪失届を提出し、保険証などを返還します。

また、故人が40歳以上65歳未満（第2号被保険者）で要介護・要支援認定を受けていた場合は、介護保険負担限度額認定証を返還する必要があります。

ノート　死亡届の提出により、国民健康保険の資格喪失手続きが不要となる市町村もあります。その場合も保険証は市町村役場に返還しなければいけません。

世帯主を変更する手続き

チェックポイント

- □世帯主が亡くなったら、世帯主変更届を提出する。
- □届け出は新しい世帯主が故人の死後14日以内に行う。

世帯と世帯主とは

「世帯」とは、住居と生活をともにする集まりのこと、もしくは独立して生計を営む単身者のことをいいます。また、同じ場所に住んでいても、世帯を別にすることができます。

世帯を構成する人たちを「世帯員」といい、その中の代表者が「世帯主」になります。

世帯主には年齢や所得に関する決まりはありません（ただし15歳未満は世帯主になれません）が、主に生計を営んでいる人がなるのが一般的です。夫が世帯主になるケースが多いですが、もちろん妻も世帯主になれます。

世帯主は市区町村の住民票に記載されます。世帯主でない人については、世帯主との続柄が記載されます。

世帯主変更の手続きで必要な書類

世帯主の死後、新しい世帯主が決まったら、住民票のある市区町村役場で世帯主変更の手続きを行います。

これは故人が亡くなってから14日以内に行う必要があります。正当な理由がなく変更を怠った場合、法律で罰せられる可能性もありますので、手続きの期日を守りましょう。

手続きは、新しく世帯主となった本人が行います。代理人が届け出ることもできますが、その場合は委任状と代理人の本人確認書類が必要になります。

手続きに必要な書類は次の通りです。

①世帯主変更届
②届出人の本人確認書類（運転免許証、パスポート、マイナンバーカードなど）
③届出人の印鑑

世帯主変更の届出用紙は市区町村役場の窓口でもらうことができます。ほとんどの場合、引越しなどの際に提出する「住民異動届」という書類を用います。

ただし、一部地域では別の書類を使用することもありますので、役所にたずねるか、ホームページで確認しましょう。

世帯主変更届が不要の場合

夫婦2人だけの世帯で世帯主が亡くなった場合など、新しい世帯主が明らかなときは、世帯主変更届を出す必要はありません。

また、子供がいても、その全員が15歳未満で、世帯主にふさわしい人がいない場合は、世帯主変更届を出す必要はありません。

世帯主変更届の提出が必要かどうか

世帯主変更届の提出が必要

世帯主が死亡して、世帯に15歳以上の人が2人以上残っている場合

世帯主変更届の提出は必要ない

死亡した人が一人暮らしで、世帯に誰も残っていない場合

世帯主が死亡して、世帯に親と15歳未満の子供だけが残った場合

世帯主が死亡して、世帯に残った人が1人だけの場合

世帯主以外の人が死亡した場合

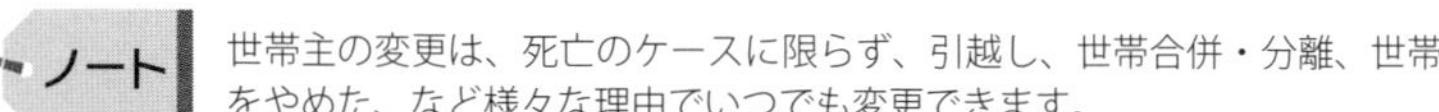

ノート　世帯主の変更は、死亡のケースに限らず、引越し、世帯合併・分離、世帯主が仕事をやめた、など様々な理由でいつでも変更できます。

葬祭費・埋葬料を申請する

チェックポイント
□ 公的な健康保険から葬儀費用の一部が支給される。
□ 受け取るためには期限内に申請しなければならない。

葬儀費用の一部の支給を申請できる

国民健康保険（国保）や後期高齢者医療制度、または組合健保、協会けんぽなどの被用者保険の被保険者が亡くなった場合、葬儀費用の一部が支給されます。

ただしこれは自動的に支給されるものではないため、期間内に申請する必要があります。

国保などに加入していた場合

国保や後期高齢者医療制度に加入していた人が亡くなった場合、遺族に「葬祭費」（「埋葬料」と呼ぶ自治体もあります）が支給されます。支給額は自治体によって異なり、1万～7万円と差があります。

申請には期限があり、葬儀を執り行った日から2年以内とされています。忘れないためにも、国保の資格喪失手続きをするときに、いっしょに行うとよいでしょう。申請場所は各市区町村役場です。

申請に必要なものは主に次のようになります。

①葬祭費支給申請書
②故人の健康保険証
③印鑑
④葬儀を行ったことが証明できるもの（会葬礼状や葬儀費用の領収書）
⑤振込先の口座番号

必要な書類などは、各自治体によって異なるケースがありますので、事前に確認しましょう。

被用者保険に加入していた場合

故人が組合健保、協会けんぽなどの被用者保険に加入していた場合、埋葬料として5万円が支給されます。支給対象は遺族で、**申請期限は亡くなった日の翌日から2年以内です。**

申請先は故人の勤務先が加入している健康保険組合か、年金事務所になります。勤務先の会社が手続きを代行してくれることもあるので、一度相談してみるとよいでしょう。

申請には次のものが必要です。

①健康保険埋葬料（費）請求書
②健康保険証
③死亡の事実が確認できる書類（火葬許可証、埋葬許可証、または死亡診断書のコピーなど）
④印鑑
⑤振込先の口座番号

故人が被用者保険の資格を失い、国保などに移動していても、それが3カ月以内なら、埋葬料を受け取れます。葬祭費と埋葬料の両方は受け取れませんので、被用者保険の健康保険組合に問い合わせてみましょう。

「埋葬費」の支給やその他の申請手続き

故人が組合健保、協会けんぽなどの被用者保険に加入しており、さらに家族がなく、友人や知人が埋葬を行った場合、その費用を負担した人に「埋葬費」が支給されます。

支給金額は5万円の範囲内で、霊柩車代や火葬料などの実費相当分となります。申請期間は埋葬を行った翌日から2年以内です。申請の際には、埋葬料申請時と同様の書類に加え、埋葬費用の領収書などを用意します。

また、**被保険者の家族（被扶養者）が亡くなった場合も、被保険者本人に5万円の「家族埋葬料」が支給されます**。死産の場合は家族埋葬料の対象とはなりません。

埋葬料（費）の支給要件 ※協会けんぽの場合

亡くなった人	支給対象（申請者）	支給額	
被保険者	1 被保険者と生計を同じくしていた人	埋葬料	5万円
	2 1の対象者がいない場合は、実際に埋葬を行った人	埋葬費	5万円の範囲内で埋葬に要した実費相当分
被扶養者	被保険者	家族埋葬料	5万円

ノート　火葬のみを行う「直葬」を行った場合、「葬儀が行われていない」と判断され、葬祭費が受給できないこともあります。

7 高額医療費の一部払い戻し手続き

チェックポイント
- □ 高額になりすぎた医療費の一部が払い戻される。
- □ 故人の死後でも請求できる。

高額になった医療費の払い戻しを請求する

同一月に支払った医療費が一定額（自己負担限度額）を超えた場合、後で超過分の払い戻しを請求できる制度が「高額療養費」です。国民健康保険（国保）、後期高齢者医療制度、被用者保険などの公的な健康保険で利用できます。自己負担限度額は年齢と所得によって細かく分けられています。

この制度では、**同一月に1人で複数の医療機関を受診したり、同じ世帯の複数人が受診したりして、世帯内（同一保険内）で2万1000円以上の自己負担が複数ある場合は合算することもできます。**

また、同じ世帯で直近12カ月の間に3回以上自己負担限度額を超える支払いがあった場合、4回目からの自己負担額が大幅に軽減され、一定の金額となります。これが「多数該当」の特例です。

本人が死亡した後でも請求できる

高額療養費は本人死亡後でも請求できます。**請求の期限は診療を受けた翌月の1日から2年間です。**

通常、医療費を支払った2～4カ月後に高額療養費支給申請書とともに通知が届きますので、担当の窓口に申請します。届出先は、国保と後期高齢者医療制度は市区町村役場の担当部署、被用者保険は加入していた健康保険組合の事務所になります。

申請には、高額療養費支給申請書、健康保険証、医療費の領収書、印鑑、振込先の口座番号、戸籍謄本など故人との続柄がわかる書類などを持参する必要があります。

なお、世帯ごとに医療費と介護保険のサービス費の自己負担額を合算して、一定の限度額を超えた分が支給される「高額医療・高額介護合算療養費制度」もあります。

医療費の自己負担限度額

70歳未満

所得区分[※1]	自己負担限度額(月額。年3回目まで)	多数該当(年4回目以降の限度額)
901万円超 (標準報酬月額83万円以上の人)	252,600円+ (総医療費−842,000円)×1%[※2]	140,100円
600万円超〜901万円以下 (標準報酬月額53万〜79万円の人)	167,400円+ (総医療費−558,000円)×1%[※3]	93,000円
210万円超〜600万円以下 (標準報酬月額28万〜50万円の人)	80,100円+ (総医療費−267,000円)×1%[※4]	44,400円
210万円以下 (標準報酬月額26万円以下の人)	57,600円	44,400円
住民税非課税世帯	35,400円	24,600円

※1 総所得金額などから基礎控除額33万円を引いた額
※2 総医療費が84万2000円を超えた場合は、超えた分の1%を加算する
※3 総医療費が55万8000円を超えた場合は、超えた分の1%を加算する
※4 総医療費が26万7000円を超えた場合は、超えた分の1%を加算する

70歳以上

区　分		自己負担限度額(月額)	
		外来(個人ごと)	入院+外来(世帯単位)
現役並み所得者	**区分Ⅲ** (標準報酬月額83万円以上)	252,600円+(医療費−842,000)×1% 多数該当:140,100円	
	区分Ⅱ (標準報酬月額53〜79万円)	167,400円+(医療費−558,000)×1% 多数該当:93,000円	
	区分Ⅰ (標準報酬月額28〜50万円)	80,100円+(医療費−267,000)×1% 多数該当:44,400円	
一　般 (標準報酬月額26万円以下)		18,000円 (年間上限:144,000円)	57,600円 多数該当:44,400円
低所得者	**区分Ⅱ**[※1]	8,000円	24,600円
	区分Ⅰ[※2]		15,000円

※1 住民税非課税の世帯に属する人で、区分Ⅰ以外の人
※2 住民税非課税の世帯で、家族全員の収入から必要経費・控除額を引いた後の所得がない場合

差額ベッド代や、入院中の食費、保険外の先進医療などは、高額療養費の自己負担金には含まれません。

支払い・解約・返却などの手続き

チェックポイント

- □ **故人の口座を利用していた各種支払いは、すみやかに契約を変更する。**
- □ **契約先にまず電話などで問い合わせ、確認を行う。**

公共料金の契約名義を変更する

故人が各種支払いに利用していた契約口座の変更、契約の解約、名義変更、また、公的証明書の返還などもすみやかに手続きを行いましょう。

まず、**電気、ガス、水道、NHKなど、公共料金の名義変更や解約が必要になります。**

これらを行わないと、いつまでも故人の口座やクレジットカードから支払われることになってしまいます。故人の口座が凍結されると引き落としができなくなりますし、故人のクレジットカードを使い続けるのは問題があります。すみやかに手続きを行いましょう。

電気とガスの場合、名義変更や解約は各社の営業所やカスタマーセンターに届け出ます。水道は各地方の水道局に問い合わせましょう。それぞれ電話やインターネットで手続きできることも多くなっています。

支払い口座を変更する場合は、新たな引き落とし口座を登録しなければなりません。口座変更の書類を取り寄せて、郵送するなどの手続きが一般的です。各社によって必要書類が異なる可能性がありますので、ホームページなどで確認するか、電話で問い合わせましょう。

引き落とし口座の手続きが完了するまでには通常1～2カ月かかりますので注意が必要です。

故人が結んでいたNHKの受信料契約は相続人に相続されます。今後もテレビを視聴する場合は名義の変更を、視聴しない場合は解約します。

いずれの場合もNHKのフリーダイヤルで相談できます。名義変更はホームページからも可能です。

期限が限られた年金や健康保険、また相続などの手続きに追われるなかで、これらの諸手続きは後回しにされがちです。なおさら、忘れないうちに済ませておくべきでしょう。

数が多いので、リストをつくって確かめながら、順番に手続きを済ませていくことをおすすめします。

電話加入権の名義変更

故人がNTTの固定電話の契約者であった場合、その電話加入権の承継（名義変更）や解約の手続きが必要になります。

解約の手続きは電話で行うことができます。一方で、承継の場合には、固定電話の加入権は相続財産になりますので、手続きが少し複雑です。

まずはNTTの営業所に連絡し、「電話加入権など承継・改称届出書」を手に入れます。これはダウンロードもできます。

提出に必要な書類は次のとおりです。

①電話加入権等承継・改称届出書
②死亡の事実と相続関係が確認できる書類（戸籍謄本や法定相続情報一覧図）の写し
③新契約者の名前、住所、生年月日が確認できる書類（運転免許証、マイナンバーカード、パスポートの写しなど）

これらをNTTに提出します。郵送も可能です。

相続財産は、遺産分割が決定するまで名義変更できませんが、電話加入権は例外的に承継手続きをすぐに行うことができます。

大切なアドバイス　口座の凍結前にしておくこと

名義人が亡くなると、銀行口座のお金は「相続財産」となるため、誰かが勝手に引き落とすことができないよう、口座は凍結されます。口座の凍結はほとんどの場合、家族からの申し出によって行われます。

故人の口座を公共料金などの支払いに使っていた場合、口座が凍結されてしまうと料金の自動引き落としができなくなります。口座を凍結する前に、遺族で確認をして、電気、ガス、水道などの事業所に問い合わせ、すみやかに名義の変更を行いましょう。

ノート　口座の凍結後、公共料金などの引き落としはできませんが、遺産分割前の相続預金の払い戻し制度を利用すれば、一定額の引き出しは可能です（→ 206ページ）。

インターネットや携帯電話を解約する

インターネットを利用するためには、回線契約とプロバイダ契約の2つの契約が必要です（最近はセットの契約もあります）。

故人がインターネットを利用する契約をしていた場合、まずはこの2つの契約をどこの会社と結んでいたか確認しましょう。

解約の手続きには、書類の郵送が必要なことも多くあります。また、2年契約などをしている場合、契約中に解約すると違約金が発生することもあるので、契約内容も確認しておきましょう。

携帯電話は、各社のショップで手続きができます。故人が所有していた携帯電話を解約する場合は、次のものを持参しましょう。

①故人の死亡の事実が確認できる書類（除籍謄本や死亡診断書のコピーなど）
②解約手続きをする人の本人確認書類
③携帯電話やスマホの中にあるUIMカードやSIMカード

携帯電話の場合も、インターネットと同様、契約内容を確認しましょう。

クレジットカードを解約する

クレジットカードの解約には、電話で解約する方法と、書類を提出して解約する方法があります。カード会社によって対応が違いますので、まずは各社に電話で問い合わせてみましょう。

書類が必要になる場合もありますので、戸籍謄本、除籍謄本、死亡診断書のコピーなどを用意しておきましょう。

公的証明書を返却する

故人の運転免許証やパスポートは期限が切れれば、自然失効しますが、原則として返却しなければいけません。

運転免許証の返却は、最寄りの警察署で受け付けてもらえます。その際には、故人の運転免許証、死亡診断書、戸籍謄本、届出人の身分証明書、印鑑を持参します。

パスポートは、各都道府県のパスポートセンターで返納の手続きができます。

返納の際には、故人のパスポートと、死亡の事実を確認できる書類、届出人の身分証明書が必要になります。

契約変更・解約・返却などの手続きが必要なもの

	手続き先	注意点など
銀行の口座	各銀行窓口	預貯金は名義人死亡時点で、相続財産となり、使用されないよう口座は凍結される
電気・ガス・水道	各営業所、事業所、水道局	名義変更を行う場合は、新しい引き落とし口座が必要
NTT固定電話	NTT営業所	契約条件によっては解約にともない料金が発生する
携帯電話	各社ショップ	解約しないかぎり、料金を支払い続けることになる。契約条件によっては解約にともない料金が発生する
インターネットプロバイダ	各社	月ごとの契約料や年間費がかかっていることがあるため、契約を確認する
有料ネットサービス	各社	解約しないかぎり、料金を支払い続けることになる。生前にどんなサービスに入っているか確認する
NHK受信料	NHK	解約しないかぎり、相続人が受信料支払いの義務を受け継ぐ
ケーブルテレビ	各社	解約には接続機器の撤去など、料金が発生する場合もある
新聞・雑誌の定期購読	各社	生前にどんな新聞・雑誌を定期購読していたか確認する
クレジットカード	各社	名義変更はできないため、解約が必要。どのような支払いが行われているか確認する。故人の未払金があれば相続人が支払う
運転免許証	警察署	有効期限があるが、悪用の可能性もあるのですみやかに返却する
パスポート	パスポート	有効期限があるが、悪用の可能性もあるのですみやかに返却する
印鑑登録証明書	市区町村役場	悪用される恐れがあるのですみやかに返却する

ノート　故人のマイナンバーカードや通知カードについては、返却の義務はありません。返納したい場合は、市区町村役場の窓口で受け付けてくれます。

保険金を受け取る手続き

チェックポイント

□ 契約証などで契約内容を確認し、早めに手続きを行う。
□ 生命保険金は多くの場合、相続財産にはならない。

保険金の請求は死後3年以内に行う

故人が生命保険や医療保険の契約者であった場合、まずは契約証などで契約内容を確認しましょう。

生命保険の場合、指定されている受取人が単独で手続きできます。医療保険の入院給付金や手術給付金の手続きは、故人が受取人の場合、法定相続人が請求できます。いずれも保険会社に連絡し、請求に必要な書類などを確認しましょう。

生命保険金の請求には、一般的に次のものが必要です。

①死亡保険金請求書
②保険証書（契約証）
③受取人の戸籍謄本（抄本）
④被保険者の住民票
⑤受取人の印鑑登録証明書
⑥死亡診断書（死体検案書）

生命保険や医療保険の保険金は、請求しないかぎり支払われません。**死後3年以内に請求しないと受け取る権利が消失しますので、早めに手続きしましょう。**

保険金は原則として相続財産にならない

生命保険金は受取人の固有の財産と考えられています。そのため、原則として遺産分割の対象にはなりません。

ただし、故人が保険契約者、被保険者、受取人を兼ねており、生存給付金や「リビングニーズ特約」を受け取らないまま亡くなった場合、それらのお金は遺産分割の対象となります。

また、保険契約者が被保険者より先に亡くなった場合、掛け捨てタイプの保険でないかぎり、「解約返戻金（へんれいきん）」が生じますが、これも相続の対象とされます。

生命保険金はほとんどの場合、相続財産とはなりませんが、税制上は「みなし相続財産」とされ、相続税の課税対象となります。**生命保険金の「みなし相続財産」には「500万円×法定相続人の数」という非課税枠が設定されています。**

医療保険の給付金が相続対象となる場合

医療保険は被保険者が受取人になっているケースが一般的です。**受取人の死亡後に、給付金を相続人が受け取った場合、そのお金は相続財産とされ、また相続税の対象になります。**

医療保険の受取人が本人以外の家族などになっている場合、給付金は受取人の財産とされ、相続税の対象にはなりません。この場合は所得税も非課税とされます。

相続財産とならない例・なる例

	故人が保険契約者、被保険者で、受取人が別に指定されている	故人が保険契約者、被保険者、受取人を兼ねている	故人が保険契約者で、被保険者、受取人が別に指定されている
保険契約者（保険料を支払っている人）	夫（故人）	夫（故人）	夫（故人）
被保険者（生命保険をかけられている人）	夫（故人）	夫（故人）	妻
受取人（生命保険金を受け取る人）	妻	夫（故人）	子
	生命保険金は受取人である妻の財産となり、相続財産とはならない	受取人である夫が死亡しているので、生命保険金は妻や子などの相続財産となる	被保険者である妻よりも保険契約者である夫が先に死亡した場合、契約の解約による「解約返戻金」が相続財産となる

「リビングニーズ特約」というのは、余命数カ月（6カ月以内）と判断された場合に、生命保険金の一部または全部を生前に受け取ることができる特約です。

10 遺族基礎年金を受け取る手続き

チェックポイント
- □ 故人が国民年金に加入していれば、遺族基礎年金を受け取れる場合がある。
- □ 故人と遺族に受給要件があるので確認する。

残された家族を金銭面で支える制度

公的年金に加入していた人が亡くなると、遺族は一定の要件下で遺族年金を受け取ることができます。遺族年金は働き手を失った家族を金銭面で支えるための制度になりますので、**故人によって生計を維持していたことが支給の前提となります**。

遺族年金には大きく分けて「遺族基礎年金」と「遺族厚生年金」があります。故人がどの年金に加入していたかによって、遺族年金の種類は変わってきます。

遺族基礎年金の故人の受給要件

故人が国民年金だけに加入していた場合、遺族には遺族基礎年金が支給されます。ただし、故人と遺族のそれぞれに受給要件があります。

故人に関わる要件は、次のいずれかに該当することです。

①国民年金の被保険者

②老齢基礎年金の受給資格期間が25年以上ある人

さらに保険料納付済みの期間（免除期間を含む）が加入期間の3分の2以上あることが要件となります。

ただし2026（令和8）年3月31日までの特例として、死亡月の前々月までの1年間に保険料の未納がなければ、納付期間を満たしていなくても受給が可能です。

遺族基礎年金の支給対象

遺族基礎年金を受給できるのは故人によって「生計を維持されていた」「子のある配偶者」で、配偶者がいない場合は「子」になります。なお、配偶者には、いわゆる「内縁の妻」も対象になります。

「生計を維持されていた」とは、

故人の「死亡時に生計を同じくしており、前年の収入が850万円未満、または所得が655万5000円未満である人」を指します。

また、「子」とは、次のような未婚の子供をいいます。

①18歳未満、または18歳になってから最初の3月31日までの間にある人

②20歳未満で、国民年金の障害等級第1級、または2級に該当する程度の障害がある人

子が対象年齢に達すると受給権を失い、その翌月から支給が打ち切られます。

その他、下の表にあるように、配偶者と子の様々な状況の変化で受給できなくなる場合があります。

遺族基礎年金の受給権を失う状況の変化

配偶者の状況	配偶者が死亡したとき
	配偶者が結婚したとき（事実婚を含む）
	配偶者が直系血族および直系姻族以外の人の養子になったとき
	子が死亡したとき
	子が結婚したとき（事実婚を含む）
	子が直系血族および直系姻族以外の人の養子になったとき
	子が、離縁によって、故人の子でなくなったとき
	子が18歳になってから最初の3月31日を過ぎたとき （国民年金の障害等級1級または2級に該当する障害がある子は20歳に達したとき※）
	18歳になってから最初の3月31日の後、20歳未満で国民年金の障害等級1級または2級に該当する障害の状態に該当しなくなったとき
子の状況	死亡したとき
	結婚したとき（事実婚を含む）
	直系血族および直系姻族以外の人の養子になったとき
	離縁によって、故人の子でなくなったとき
	18歳になってから最初の3月31日を過ぎたとき （国民年金の障害等級1級または2級に該当する障害がある子は20歳に達したとき※）
	18歳になってから最初の3月31日の後、20歳未満で国民年金の障害等級1級または2級に該当する障害の状態に該当しなくなったとき

※ 20歳に達したとき＝20歳の誕生日の前日

遺族基礎年金は、故人の死亡日が属する月の翌月分から支給が開始され、権利が消滅するまで受給できます。

遺族基礎年金の受給額

受給できる遺族基礎年金の額は子供の数によって変わります。

子のいる配偶者の場合、2020年度は年間基本額が78万1700円で、これに子供1人当たり22万4900円が加算されます。ただし第3子からは加算額が7万5000円になります。

受給者が子の場合、1人なら基本額の78万1700円を受給できます。2人の場合、基本額に22万4900円が加算され、それを2で割った額（50万3300円）がそれぞれに支給されます。3人目以降は加算額が1人当たり7万5000円となり、これを子の人数で割ります。

なお、事実上の子（配偶者の連れ子で故人と養子縁組していない子など）は対象とはなりません。あくまで法律上の故人の子（養子縁組や認知された子を含む）が対象です。

受給申請に必要な書類

遺族基礎年金の受給申請手続きは、居住地の市区町村役場で行えます。なお、**手続きの期限は死亡日から5年以内となっています。**

まずは年金請求書（国民年金遺族基礎年金）を役所か年金事務所で取得しましょう。日本年金機構のホームページからダウンロードすることもできます。

申請に必要な書類は次のようになります。

①年金請求書（国民年金遺族基礎年金）

②故人及び請求者の年金手帳、基礎年金番号通知書、年金証書のいずれか

③故人との身分関係、親子関係を確認できる書類（戸籍謄本、法定相続情報一覧図の写し）

④死亡日における生計維持関係を確認できる書類（世帯全員の住民票、故人の住民票除票）

⑤死亡診断書（死体検案書）のコピー

⑥請求者の収入が確認できる書類

⑦請求者の身分証明書

⑧請求者の預貯金通帳

⑨印鑑

死亡の原因や世帯構成などによって添付書類が異なります。事前に市区町村役場の国民年金課、年金事務所、街角の年金相談センターに問い合わせましょう。

子のある配偶者が遺族基礎年金を受ける場合

基本額 781,700円（年額・2020年度）＋子の加算額

※基本額と子の数に応じて加算した額を受け取れる

配偶者 年額781,700円

1人目 1人につき 年額224,900円

2人目

3人目以降 1人につき 年額75,000円

子の数	基本額	加算額	年額
1人	781,700円	224,900円	1,006,600円
2人		449,800円	1,231,500円
3人		524,800円	1,306,500円
4人目以降		1人につき75,000円を加算	

子が遺族基礎年金を受ける場合

基本額 781,700円（年額・2020年度）＋子の加算額
子の数

※基本額と子の数に応じて加算した額を、年金を受給する子の数で割った額をそれぞれ受け取れる

1人目 年額781,700円

2人目 1人につき 年額224,900円

3人目以降 1人につき 年額75,000円

子の数	基本額	加算額	年額	1人当たりの額
1人	781,700円	0円	781,700円	781,700円
2人		224,900円	1,006,600円	503,300円
3人		299,900円	1,081,600円	360,533円
4人目以降		1人につき75,000円を加算		

11 寡婦年金を請求する手続き

チェックポイント
- □ 夫を亡くした妻が60～65歳に受け取ることができる。
- □ 遺族基礎年金対象外の妻への救済策。

寡婦年金の支給期間は60～65歳

寡婦年金は夫を亡くした妻に支給される年金です。これは国民年金独自の制度で、故人が国民年金のみに加入していた場合に適用されます。

遺族基礎年金の制度では、子供がいない、もしくは子供が18歳以上になった遺族はその対象とされていません。

救済策として、**遺族基礎年金対象外の妻は、60歳から、老齢基礎年金を受け取れる65歳になるまでの間に寡婦年金を受給できます。**これはいわゆる内縁の妻も対象になります。

寡婦年金は妻が対象ですが、妻を亡くした夫は寡婦年金を受け取れません。対象となる年金もありません。

寡婦年金の受給要件

寡婦年金の受給には、次の要件を満たしている必要があります。

①故人（夫）が国民年金の保険者として保険料を納めた期間（免除期間も含む）が10年以上ある

②夫の死亡時に妻が65歳未満である

③故人に生計を維持されていて、10年以上継続して婚姻関係にあった（内縁の妻の場合は10年以上同居関係にあった）

一方で、要件を満たしていても、次のような場合には受給できません。

①故人が障害基礎年金の受給権者であったか、老齢基礎年金を受給したことがある

②妻が繰り上げ支給の老齢基礎年金を受給している

③死亡一時金を受給した

国民年金には「死亡一時金」という制度もあり、死亡一時金と寡婦年金はどちらかしか受給できないことになっています。

また寡婦年金は、遺族基礎年金と同時に受給はできませんが、子供が18歳になるまで遺族基礎年金をもらい、その後、寡婦年金に切り替えることは可能です。

寡婦年金の額と手続き

寡婦年金の額は、**夫が受け取るはずであった老齢基礎年金の4分の3になります**。

申請の手続きは市区町村役場となり、故人の死後、5年以内に請求しなければいけません。

必要な書類は、年金請求書（国民年金寡婦年金）、年金手帳、戸籍謄本、世帯全員の住民票の写し、住民票の除票、所得の証明書、振込先の口座番号、印鑑などです。

寡婦年金の受け取り期間

夫の死亡時に妻が60歳未満だった場合、受給期間は妻が60歳に達した日（60歳の誕生日の前日）の属する月の翌月から、65歳に達する月まで

妻が60歳を過ぎてから夫が亡くなった場合、受給期間は夫が死亡した日の属する月の翌月から妻が65歳に達する月まで

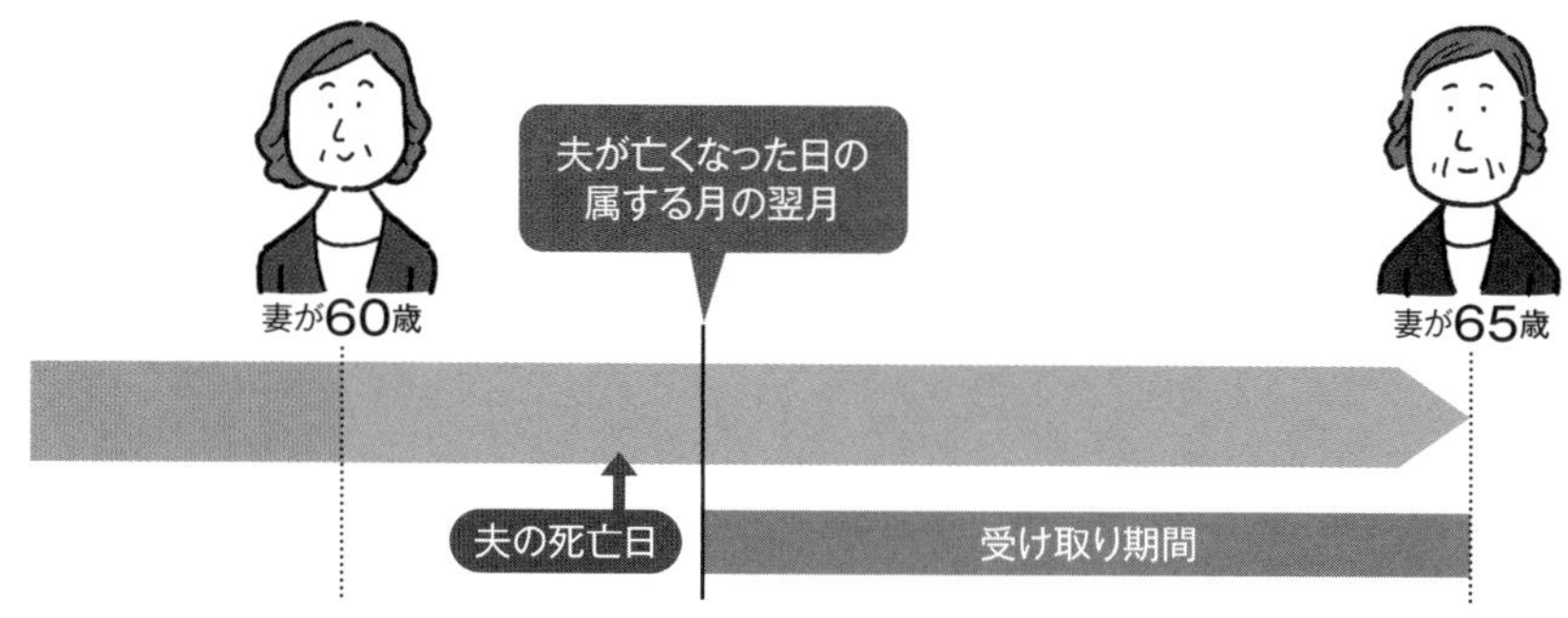

ノート　寡婦年金と死亡一時金はどちらかしか受給できませんが、通常は寡婦年金のほうが金額が大きくなります。そのため、寡婦年金を選ぶ人がほとんどです。

12 死亡一時金を請求する手続き

チェックポイント
- □ 故人が年金を受給していない場合、死亡一時金を受給できる。
- □ 受給範囲は広く、年齢制限もない。

受給範囲は配偶者から兄弟姉妹まで

死亡一時金も国民年金独自の制度です。国民年金の保険料を3年以上納めた人が、**老齢基礎年金、障害基礎年金のいずれも受給しないで死亡した場合、故人と生計を同じくしていた遺族は死亡一時金を受け取ることができます**。

支給される金額は保険料を納めた期間によって12万～32万円となります。一時金であるため、1回しか受給できません。死亡一時金を受給することのできる遺族の範囲と優先順位は、①配偶者、②子、③父母、④孫、⑤祖父母、⑥兄弟姉妹、となっています。

受給に年齢制限がない

死亡一時金は、遺族が遺族基礎年金を受け取る場合には支給されません。また、寡婦年金と死亡一時金の両方を受給することはできません。

再婚の予定がない場合、寡婦年金を選択するほうが有利といわれますが、**寡婦年金の支給が60歳からなのに対し、死亡一時金の受給に年齢制限はありません**。

また、寡婦年金は老齢基礎年金を繰り上げ受給していた場合には受け取ることができません。そういったときは死亡一時金を受け取るようにしましょう。

死亡一時金申請の手続き

死亡一時金の申請は、市区町村役場の年金窓口に「国民年金死亡一時金請求書」を提出します。その際、年金手帳、戸籍謄本、世帯全員の住民票の写し、住民票の除票、振込先の口座番号、印鑑などが必要になります。

死亡一時金の申請期間は、故人の死亡後2年以内となります。

死亡一時金として受け取れる金額

国民年金第1号被保険者として保険料を納めた期間	金額（2020年度）
3年以上15年未満（36カ月以上180カ月未満）	120,000円
15年以上20年未満（180カ月以上240カ月未満）	145,000円
20年以上25年未満（240カ月以上300カ月未満）	170,000円
25年以上30年未満（300カ月以上360カ月未満）	220,000円
30年以上35年未満（360カ月以上420カ月未満）	270,000円
35年以上（420カ月以上）	320,000円

※一時金であるため、受け取れるのは1回限り

死亡一時金請求後の流れ

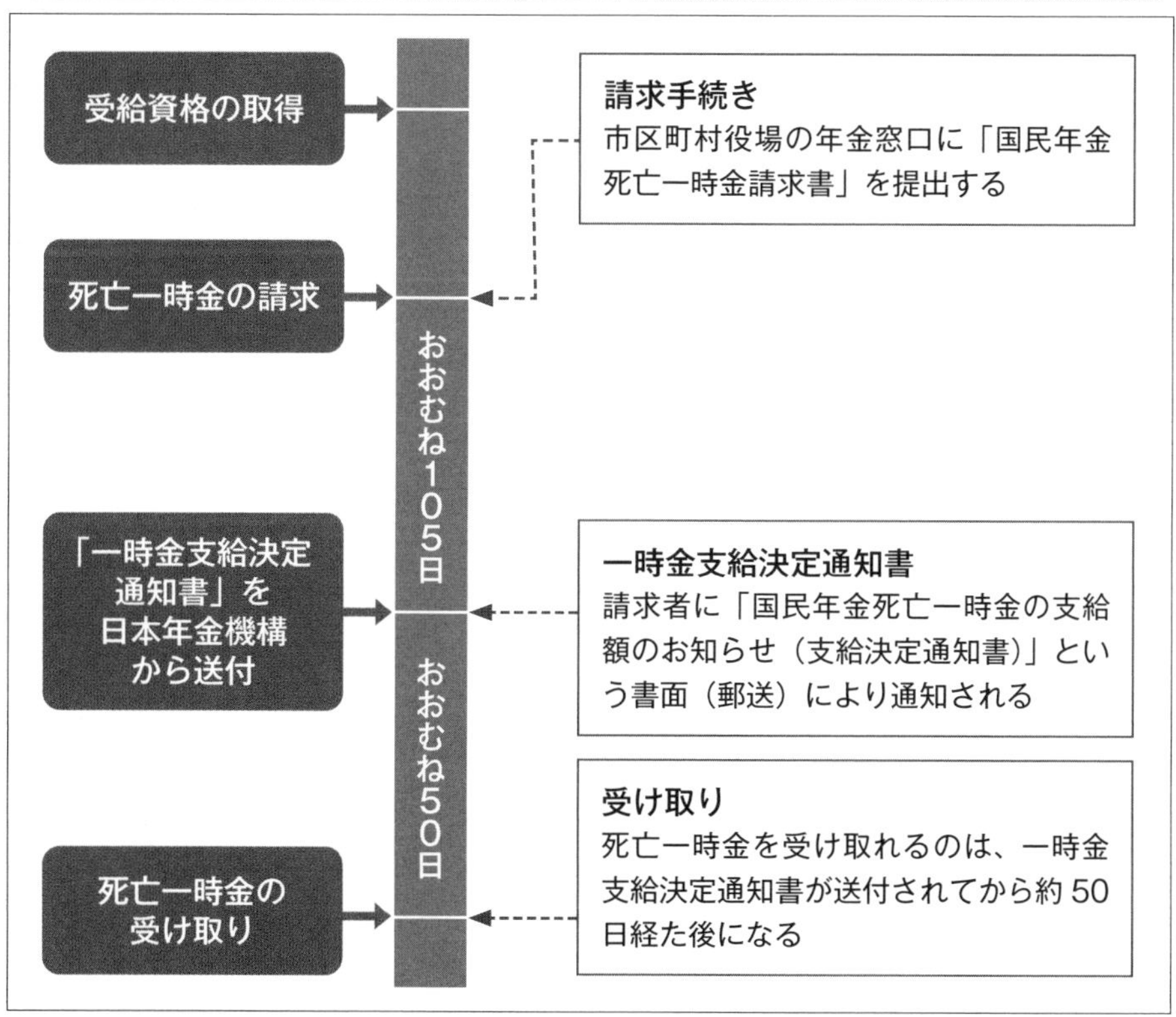

ノート　3年以上、国民年金の付加保険料（年金額を増やすために上乗せした保険料）を支払っていた場合、死亡一時金の額に8,500円が加算されます。

遺族厚生年金を請求する手続き

チェックポイント

- □故人が厚生年金に加入していた場合、遺族は遺族厚生年金を受給できる。
- □夫を亡くした妻には、加算制度もある。

遺族厚生年金の受給要件

故人が厚生年金や共済組合に加入していた場合、遺族には遺族厚生年金が支給されます。

遺族厚生年金は子供がいない遺族でも受給できます。受給要件は次のうち、いずれかに当てはまる場合です。

①厚生年金の被保険者の間に死亡

②厚生年金の被保険者期間中のけがや病気が原因で、その初診日から5年以内に死亡

③1級か2級の障害厚生年金を受けている人が死亡

④老齢厚生年金の受給者、または受給資格期間が25年以上ある人が死亡

右の①と②の場合、保険料の納付期間（免除期間含む）が国民年金加入期間の3分の2以上あることが条件です。ただし、2026（令和8）年3月31日までの特例措置として、死亡月の前々月までの1年間に保険料の未納がなければ、納付期間を満たしていなくても受給が可能です。

受給できる遺族の範囲と順位

遺族厚生年金を受給できるのは故人によって生計を維持されていた遺族で優先順位は次の通りです。

①妻、55歳以上の夫、子

②55歳以上の父母

③孫

④55歳以上の祖父母

夫の死亡時に子のない30歳未満の妻は、5年間の有期給付となります。

また、夫、父母、祖父母が対象となる場合、遺族厚生年金の受給は60歳からとなります。

しかし、夫が遺族基礎年金を受給中の場合に限り、60歳より前でも遺族厚生年金をあわせて受給できます。

遺族厚生年金を受け取れる遺族

優先順位	遺族	遺族年金の種類
[1]	子のある妻、子のある55歳以上の夫	遺族厚生年金 ＋ 遺族基礎年金
	子	遺族厚生年金 ＋ 遺族基礎年金
	子のない妻※	遺族厚生年金 ＋ 中高齢寡婦加算
	子のない55歳以上の夫	遺族厚生年金
[2]	55歳以上の父母	遺族厚生年金
[3]	孫	遺族厚生年金
[4]	55歳以上の祖父母	遺族厚生年金

※ 子のない30歳未満の妻は、遺族厚生年金のみ5年間の有期給付になる
子のない40歳未満の妻は、遺族厚生年金のみ
子のない40歳以上の妻は、一定の要件が整えば中高齢寡婦加算を受給できる

遺族基礎年金とあわせて受給もできる

厚生年金の保険者は、国民年金も同時に加入しています。次の条件を満たしていれば、遺族は遺族基礎年金と遺族厚生年金をあわせて受給することができます。

①故人が厚生年金の加入者

②故人が老齢基礎年金の受給資格期間が25年以上ある

③受給者が子のある配偶者か、子

遺族厚生年金の支給額は、故人に支払われるはずであった老齢厚生年金の4分の3に相当する額となります。

遺族厚生年金の請求手続き

遺族厚生年金の申請は年金事務所か街角の年金相談センターで行えます。持参するものは、年金請求書（国民年金・厚生年金保険遺族給付）、年金手帳、死亡診断書の写し、戸籍謄本、住民票、請求者の収入が確認できる書類、振込先の口座番号、印鑑などです。

受給の申請期限は故人の死亡から5年となっています。

故人の妻の生活を支える中高齢寡婦加算

夫を亡くし、遺族厚生年金を受給している妻は、次のいずれかに該当する場合、40歳～65歳になるまでの間に中高齢寡婦加算が上乗せされます。

①夫の死亡時に妻が40歳以上65歳未満で、生計を同じくしている子がいない場合

②子がいるが、受給資格の対象から外れ、遺族基礎年金の支給が打ち切られた時点で、妻が40歳以上の場合

中高齢寡婦加算は、遺族基礎年金を受給できない妻の生活を支えるための制度です。加算額は２０２０（令和２）年度で年額58万６３００円となっています。

また、中高齢寡婦加算は65歳で打ち切られますが、１９５６（昭和31）年４月１日以前に生まれ、中高齢寡婦加算の受給要件を満たしている人は、65歳以降も経過的寡婦加算が遺族厚生年金に加算されます。経過的寡婦加算は生涯続きます。

中高齢寡婦加算や経過的寡婦加算は、単独での手続きは必要ありません。遺族厚生年金の受給権がある人には、条件に応じて新規加算や切り替えが行われます。

妻の状況とそれに応じた遺族年金の受給

妻の種類		遺族基礎年金	遺族厚生年金
子のある妻		子（未婚）が18歳になってから最初の3月31日まで受給できる※	夫が生きていた場合に受けるはずだった老齢厚生年金の報酬比例部分の4分の3にあたる額を受給できる ▶子が遺族基礎年金の対象から外れ、妻の遺族基礎年金の支給が打ち切りになった時点で40歳以上の場合、65歳に達するまでは中高齢寡婦加算が加算される ▶妻が65歳になり自身の老齢基礎年金を受給権を得た場合、1956（昭和31）年4月1日以前に生まれた妻に限っては、中高齢寡婦加算に代わり経過的寡婦加算が継続して加算される
子のいない妻	夫の死亡時に妻の年齢が40歳未満の場合	受給できない	夫が生きていた場合に受けるはずだった老齢厚生年金の報酬比例部分の4分の3にあたる額を受給できる ▶夫の死亡時に妻が30歳未満の場合、5年間の有期支給になる
	夫の死亡時に妻の年齢が40歳以上65歳未満の場合	受給できない	夫が生きていた場合に受けるはずだった老齢厚生年金の報酬比例部分の4分の3にあたる額を受給できる ▶65歳に達するまでは中高齢寡婦加算が加算される ▶妻が65歳になり自身の老齢基礎年金を受給権を得た場合、1956（昭和31）年4月1日以前に生まれた妻に限っては、中高齢寡婦加算に代わり経過的寡婦加算が継続して加算される

※ 国民年金の障害等級1級または2級に該当する障害がある未婚の子は、20歳に達する日（20歳の誕生日の前日）まで

経過的寡婦加算の額は本人の生年月日によって変わります。2020（令和2）年度は、1万9567円～58万6300円までと幅があります。

児童扶養手当の申請

チェックポイント

- □親を亡くした子などを支援するため、地方自治体から支給される。
- □申請手続きは、父母などの受給資格者本人が行う。

一人親家庭などの子を支援するための手当て

配偶者が亡くなってしまった一人親家庭などの子を支援するために、地方自治体から支給されるのが児童扶養手当です。遺族年金の対象とならないが、子供がいる人や、遺族年金が少ない人などにとっては大切な手当てとなります。

支給の対象者は、次のいずれかに該当する児童を養育している父母、またはその他の養育者です。ここでいう児童とは、18歳になってから最初の3月31日までの子（ただし、一定の障害がある子は20歳未満）のことをいいます。

①父母が婚姻（事実婚も含む）を解消した児童
②父または母が死亡した児童
③父または母が一定以上の障害の状態にある児童
④事故などで父または母の生死が明らかでない児童
⑤父または母から1年以上遺棄されている児童
⑥父または母が裁判所からのDV保護命令を受けた児童
⑦父または母が法令により1年以上拘束されている児童
⑧婚姻（事実婚を含む）によらないで産まれた児童
⑨棄児（捨てられた子）などで、母が児童を産んだ当時の事情が不明な児童

ただし、申請する人や児童が日本国内に住所を有しない場合や、児童が児童福祉施設（母子生活支援施設などを除く）に入所している場合は児童扶養手当を受給することができません。

金額は児童数や所得によって変わる

児童扶養手当の額は、養育する児童の数や、受給資格者の所得によって異なります。

２０２０（令和２）年度の児童

扶養手当は、児童が1人なら月額4万3160円です。2人目からは1万190円が、3人目以降は6110円が加算されます。これらの額は物価変動などで改正されます。

しかし、受給資格者や、受給資格者と生計を同じくする扶養義務者（児童の祖父母など）の所得によっては制限がかかり、一部支給または支給停止となる可能性もあります。扶養親族の数により所得制限の限度額は変わりますので、市区町村役場に確認しましょう。

また、公的年金を受給している場合、年金額が児童扶養手当の額より低ければ、その差額分が支給されます。

児童扶養手当は、年6回、奇数月に前2カ月がまとめて振り込まれます。受給を継続する場合、毎年8月に所得の状況などを確認するため、「現況届」を提出しなければいけません。

受給資格者本人が請求の手続きは行う

児童扶養手当の手続きは、受給資格者本人が行わなければいけません。**代理人による申請は認められていません。**

市区町村役場の担当窓口に届け出ますが、認定請求の審査には1〜3カ月ほどかかります。

届け出の際には、児童扶養手当認定請求書のほかに、申請者及び児童の戸籍謄本、申請者の身元確認書類、印鑑などが必要です。申請に必要なものは、受給要件によって異なりますので、事前に市区町村役場に問い合わせておきましょう。

児童扶養手当の支給額（令和2年4月現在）

子の数	全額支給の月額	一部支給の月額
1人	43,160円	所得に応じて 43,150円〜101,80円の間で変動
2人目加算額	10,190円	所得に応じて 10,180円〜5,100円の間で変動
3人目以降加算額（1人につき）	6,110円	所得に応じて 6,100円〜3,060円の間で変動

※児童手当の額は、物価変動などに応じて毎年改正される

現況届の提出を怠ると、11月分以降の手当てが差し止めとなります。現況届の提出を2年間行わないと、手当てを受ける権利が消失します。

故人の所得税を申告する手続き

チェックポイント

- □ 故人の確定申告が必要な場合は相続人がこれを行う。
- □ 故人の死後4カ月以内に行う必要がある。

故人の死後4カ月以内に準確定申告を行う

所得税は通常1月から12月までの所得について翌年に申告・納税します。生前に確定申告をしていた人が年の途中で亡くなったなど、故人の確定申告が必要な場合には、相続人が代わりにこれを行います。これが準確定申告です。

通常、確定申告は2月初旬～3月中旬の期間に行いますが、**準確定申告の期限は、相続を知った日（ほとんどは故人の亡くなった日）の翌日から4カ月以内です。**

故人が1月～3月中旬に亡くなり、前年度の確定申告を済ませていなければ、亡くなった年の分と前年の分の2回、確定申告を行わなければなりません。

申告書の書き方は通常の確定申告書と同じ

準確定申告書の書き方は、通常の確定申告書とほとんど変わりません。提出先は故人の住所を所轄する税務署になります。相続人が複数人いる場合、準確定申告書には相続人全員が連署する必要があります。

提出に必要な書類は、準確定申告書、提出する本人の本人確認書類などです。

故人がサラリーマンなら準確定申告は必要ない

故人がサラリーマンなどの給与所得者の場合、源泉徴収と年末調整があるため、ほとんどの場合、準確定申告は必要ありません。ただし、2カ所から給与をもらっていた場合などを除きます。

また、準確定申告をする必要がなくても、高額の医療費を払っていたり、各種控除がある場合は、準確定申告をすることによって、還付金を受け取れるケースがあります。

準確定申告が必要な場合・不要な場合

準確定申告が必要	故人の給与収入が2000万円を超えた場合
	給与所得、退職所得以外の所得の合計が20万円を超えた場合
	2カ所以上から給与をもらっていた場合
	公的年金などによる収入が400万円を超えた場合
	公的年金などによる収入は400万円以下だが、その他の所得が20万円を超える場合
	生命保険などの満期金や一時金を受け取っていた場合
	土地や建物を売却した場合
	事業所得がある場合
	不動産所得がある場合
準確定申告は不要	故人がサラリーマンやアルバイトなどの給与所得者で、1カ所だけから給与を受け取っていた場合
	故人が年金受給者で受給額が400万円以下、かつその他の所得が20万円以下の場合
準確定申告は不要だが、申告すれば還付金などが期待できる	源泉徴収額が本来の納付税額より多い場合
	源泉徴収されている所得税があり、10万円を超える高額医療費を支払っていた場合
	源泉徴収されている所得税があり、配偶者控除、扶養控除、寄附金控除、雑損控除などの各種控除がある場合

2020（令和2）年以降、所得税の準確定申告でも、青色申告特別控除（65万円）の適用が受けらるよう、e-Taxでの電子申告が行えるようになりました。

Column

旧姓に戻る手続き

夫または妻が亡くなると、残された配偶者は姓（苗字）をそのままにしておくか、結婚前の旧姓に戻すかを自由に選べます。旧姓に戻すことで新しい人生をスタートさせたいと考える人もいるでしょう。また夫婦関係や、配偶者の親族との関係がよくなく、配偶者の姓を名乗りたくない場合もあります。

結婚前の旧姓に戻したいときは、本籍地か居住地の市区町村役場に「復氏届」を提出します。期限はなく、配偶者が亡くなった後ならいつでも届出が可能です。届出の際には、故人の親族（姻族）や家庭裁判所の許可も必要なく、すべて自分の意思で決められます。復氏届を提出すると、配偶者の戸籍から抜けることになります。そのため、結婚前の戸籍に戻るか、新しい戸籍を作るかを選ぶ必要があります。

復氏届を提出しても、故人と離婚したわけではありませんので、故人の配偶者という地位は変わらず、遺産相続や遺族年金の権利は失われません。また、姻族との法律上の関係は変わらず、扶養義務も残ります。姻族との関係を解消したい場合には、「姻族関係終了届」を提出します。姻族関係終了届を提出することを「死後離婚」ということもあります。

故人との間に子供がいる場合、復氏届を提出して旧姓に戻したとしても、子の姓は変わりません。子の姓を変更し、自分と同じ戸籍に入れたいときは、まず「子の氏の変更許可申立書」を家庭裁判所に提出します。家庭裁判所から許可が下りたら、本籍地か居住地の市区町村役場へ入籍届を提出します。これらは子が 15 歳以上なら本人が、15 歳未満なら親などの法定代理人が手続きを行います。

第6章 法要を営む

法要の基礎知識

チェックポイント

- □ 忌日法要は初七日と四十九日以外省略されることが多い。
- □ 弔い上げまで祥月命日には年忌法要を行う。

故人の冥福を祈って行う供養

法要とは葬儀を終えた後に、遺族が故人を偲び、冥福を祈る仏教の儀式です。「法事」という言い方もありますが、厳密には、僧侶にお経をあげてもらう追善供養が「法要」で、その後の会食などを含んだものが「法事」です。

法要は菩提寺で執り行われることが多いですが、自宅で行ってもかまいません。儀式そのものに決まりはなく、僧侶による読経と焼香が中心となります。僧侶によっては法話が行われます。

忌日法要		
7日目	初七日法要	遺族や親族をはじめ、友人や知人も列席する。僧侶の読経の後、全員で焼香を行う。現在では、葬儀の後に、初七日を続けて行う「繰り上げ初七日」が増えている。 ※地域によって異なる
14日目	二七日忌法要	省略されることが多い
21日目	三七日忌法要	省略されることが多い
28日目	四七日忌法要	省略されることが多い
35日目	五七日忌法要	省略されることが多い ※宗派や地域によっては、五七日忌法要を忌明けとする場合もある。その場合、法要の内容については、四十九日と同様になる
42日目	六七日忌法要	省略されることが多い
49日目	四十九日法要	遺族や親族をはじめ、友人や知人も列席する。僧侶の読経の後、全員で焼香を行う ※この日を忌明けとするのが一般的
100日目	百か日法要	省略されることが多い

法要には忌日法要と年忌法要がある

法要には忌日法要（中陰法要）と年忌法要があります。

忌日法要は亡くなった日から数えて7日ごとに行う法要です。初七日と四十九日の法要以外は省略されることが多くなっています。

一般的には、**四十九日法要で忌明けとなります**。これは仏教で、人は亡くなって49日目に極楽浄土に行けるかどうかが決まると考えられていたことによります。この49日間を「中陰」と呼びます。

四十九日法要の後は百か日法要、年忌法要と続きます。

年忌法要は「祥月（一周忌以降の故人の亡くなった月）命日」に行い、三十三回忌、もしくは五十回忌で「弔い上げ」となります。

法要の種類と時期

年忌法要		
満1年目	一周忌	遺族や親族をはじめ、友人や知人も列席する。僧侶の読経の後、全員で焼香を行う
満2年目	三回忌	遺族や親族をはじめ、友人や知人も列席する。僧侶の読経の後、全員で焼香を行う ※遺族のみで行うことも多くなっている
満6年目	七回忌	通常は、このあたりから法要の規模が縮小されていく
満12年目	十三回忌	遺族のみで行うのが通例
満16年目	十七回忌	遺族のみで行うのが通例
満22年目	二十三回忌	遺族のみで行うのが通例。省略されることが多い
満26年目	二十七回忌	遺族のみで行うのが通例。省略されることが多い
満32年目	三十三回忌	「弔い上げ」とすることが大半。親族をはじめ、友人や知人が列席することもある ※五十回忌を弔い上げとする場合もある
満36年目	三十七回忌	省略されることが多い
満42年目	四十三回忌	省略されることが多い
満46年目	四十七回忌	省略されることが多い
満49年目	五十回忌	三十三回忌を弔い上げとしなかった場合、五十回忌を弔い上げとする

ノート　四十九日までは「忌中」となります。忌中の間は、結婚式への出席、パーティや宴会への出席、神社への参拝などは控えるものとされています。

忌明け法要(四十九日法要)を行う

チェックポイント

- □ 故人の死後49日目に行う重要な法要。
- □ 日程調整や参加者への案内、お斎(とき)(会席)の手配などを準備する。

遺族、親族のほか、親しい友人も参列する

仏教の多くの宗派では、故人の魂は死後49日間、この世とあの世の間をさまよっているとされます。死後49日目は、成仏する、すなわち来世の行く先が決まる日であり、遺族は法要を行い、故人の来世がよりよいものとなることを祈ります。

四十九日法要は「満中陰(まんちゅういん)」ともいわれ、この日をもって「忌明け」となるため、現代でも重要視されています。まれに、地方や宗派によっては35日目の五七日の法要で「忌明け」とすることもあります。その場合、四十九日法要は行いません。

一般的には、菩提寺(ぼだいじ)で、遺族、親族のほか、親しい友人なども招いて行われます。読経(どきょう)と焼香の後、お斎(とき)といわれる会席を設け、僧侶や参加者をもてなします。

また、納骨や、故人の魂を仮位(い)牌(はい)から本位牌へ移す儀式をあわせて行うことが多くあります。

休日に行う場合は四十九日よりも前に

四十九日法要は、故人の死後49日目に行うものですが、その日が平日だと参加できない人も多いため、休日を選んで行うケースも多く見られます。その場合は、四十九日より前に行います。

菩提寺には法要についてお願いをする際に、日程のことも含め、相談をしておくことが必要です。菩提寺に可能な日を確認し、日程を決め、それから参列者に連絡をします。

僧侶の都合がつかない場合、菩提寺が同じ宗派のお寺の僧侶を紹介してくれることもあります。

家の菩提寺がない場合は、葬儀のときにお願いしたお寺に相談してみましょう。

案内状を出すなどの準備について

菩提寺への連絡と日程調整のほかにも、法要を執り行うにあたって、行うべき準備はたくさんあります。

法要に参加してほしい人に声をかけます。**親族や親しい友人には案内状を出すことも多いですが、その場合は法要の1カ月前には出すようにしましょう。**

日程と参加者が決まったら、お斎の会場を手配します。お寺の一部を借りるか、飲食店やホテルなどを会場とするか決めます。菩提寺の近くで行うときは、菩提寺に相談すればお店を紹介してくれることもあります。

四十九日法要を行う前の準備

■ **菩提寺に法要をお願いする**
日程を確認し決める。実際の四十九日より前の土日に設定することも多い

■ **案内状を出す**
親族や友人など参加してほしい人に日時と場所等を知らせる。

■ **供物（くもつ）・供花（きょうか）の用意**
供物はお菓子や果物あるいは線香、供花は菊や百合などの白いものがよいとされる（供物・供花を辞退する場合は案内状で伝える）

■ **お斎（とき）（会席）の準備**
お寺か、飲食店やホテルなど、法要後に会食できる会場を手配する

■ **お布施（ふせ）の準備**
宗派や地域により違いがあるが、僧侶への謝礼として一般的に3万～5万円を包む

■ **位牌、遺骨の準備**
菩提寺で行う場合は、自宅から白木の仮位牌と本位牌、遺骨をもって行く

■ **納骨の準備**
納骨を行う場合は「埋葬許可証」などの書類、納骨式の準備を行う

ノート　忌日法要としては、四十九日法要の後にも百か日法要があります。最近では省略されることが多く、営む場合でも遺族、親族だけの小規模なものとなります。

納骨を行う

チェックポイント

- □ お墓がある場合、四十九日法要といっしょに行うのが一般的。
- □ 納骨には埋葬許可証が必要になる。

四十九日や一周忌の法要にあわせて行う

納骨とは、自宅やお寺に安置していた遺骨をお墓や納骨堂に納める儀式（納骨式）です。

納骨する時期については決まりがありません。菩提寺や家族と相談して日程を決めましょう。

すでに墓地がある場合は、四十九日の法要とあわせて行うのが一般的です。一方、まだお墓がなく、時間をかけて新しいお墓の購入を検討したい場合は、一周忌や三回忌を目安に納骨を行うことが多いようです。

納骨には埋葬許可証が必要

納骨には、火葬済みの認印が押された火葬許可証（これが一般的に「埋葬許可証」と呼ばれます）が必要です。遺骨の入った箱に納められているはずですので確認しておきましょう。埋葬許可証は納骨する墓地や霊園に提出します。墓地の使用許可証や印鑑も用意しておきましょう。

お墓への納骨では、カロート（お墓の納骨室）を開ける必要があります。専用の工具があれば大人1人の力で開けられるものがほとんどですが、遺族だけで開けるのは難しいため、石材店に連絡して開けてもらいましょう。お墓に故人の名前や墓誌を彫刻する場合は、あわせて依頼しましょう。

納骨式を行う

納骨式は墓前で行います。供物・供花をまず並べます。遺骨をカロートに納め、僧侶による読経、参列者による焼香を行って終了となります。

新しくお墓を建てた場合は、納骨式の前に、お墓に魂を吹き込む開眼供養が行われます。

卒塔婆供養を行う

卒塔婆供養とは、お墓の後ろ側に卒塔婆（細長い木の板）を立てる追善供養のことです。

卒塔婆を立てなければいけないということはなく、立てる時期も決まってはいません。ですが、一般的には、**納骨時に最初の卒塔婆を立て、節目の法要ごとに卒塔婆を新しくします**。また、お盆やお彼岸、祥月命日など、お墓参りをしたタイミングで立てることもあります。古い卒塔婆はお寺に処分してもらいます。

卒塔婆供養を行う場合は、事前に本数などをお寺に伝えておきます。卒塔婆の値段は、地域や宗派によって異なりますが、1本あたり2000～1万円です。

納骨式の流れの例

準備
お墓に焼香台や供物・供花を並べる。新しくお墓を建てた場合は開眼供養を行う

遺族代表の挨拶
参加へのお礼、遺族の近況報告、葬儀後の変わらないつき合いに対するお礼などを述べることが多い

納骨
石材店にカロートを開けてもらい、骨壺を納める

読経・焼香
僧侶による読経。僧侶の指示により、参加者は順番に焼香を行う

卒塔婆供養
最初の卒塔婆を立てる

会食
参加者を会食に招く。僧侶も招くが、同席しない場合には、御膳料を包む

ノート 卒塔婆供養は宗派によって作法が異なりますので、事前に菩提寺などに相談しましょう。なお、浄土真宗は卒塔婆供養を行いません。

年忌法要を行う

チェックポイント

□一周忌を行うことによって喪が明ける。
□三回忌からは遺族、親族のみの小規模な法要となる場合がほとんど。

年忌法要は祥月命日に行う

年忌法要は仏教における区切りの年に行われます。「祥月（一周忌以降の故人の亡くなった月）命日」に行うのが基本ですが、実際は四十九日法要などと同じく、**命日よりも前の休日に行われます。**

代表的な年忌法要は一周忌、三回忌、七回忌、十三回忌、十七回忌、二十三回忌、二十七回忌、三十三回忌、五十回忌です。宗派や地域によっては、二十三回忌、二十七回忌の代わりに二十五回忌を行うこともあります。

一周忌を行うことで喪が明ける

故人が亡くなって一年後の命日が一周忌です。この日までが喪中（喪に服する期間）で、すでに四十九日法要で「忌明け」となっていましたが、一周忌を行うことによって喪が明けます。

一周忌には、遺族、親族のほか、友人や知人を招いて、お寺や自宅で法要を行います。僧侶による読経、参加者による焼香の後、お墓が近くにあればお墓参りをし、会食をすることもあります。

三回忌以降の年忌法要について

三回忌は故人の死後、2年目の命日に行います。これは亡くなった日を一回忌と数えるためで、翌年の命日（一周忌）が二回忌、2年目の命日が三回忌となります。同様に七回忌は死後6年目、十三回忌は死後12年目に行います。**三回忌からは遺族、親族のみの小規模な法要となる場合がほとんどです。**

最近では七回忌を行った後は、三十三回忌までの法要を省略することも多くなっています。

最後の法要をいつにするか

「弔い上げ」をもって、故人のために行っていた年忌法要を終わりにし、それ以降、先祖代々の霊といっしょに供養することになります。

弔い上げを何回忌とするかは、宗派や地域、お寺によって違います。**一般的には、三十三回忌が多いようです。あるいは、五十回忌とする地域もあります。**

弔い上げが終われば、故人の位牌を片づけることもできます。その際は、自分で処分するのではなく、お寺で「お焚き上げ」（焼却）してもらいます。また位牌や遺骨について、弔い上げの後はお寺に永代供養してもらうようお願いすることもできます。

喪明けの後にしてよいとされること

一般的に喪中に避けるべきとされていた次のようなことは、喪明けの後はしてもよいとされる

■ 年始・年賀の挨拶
喪中はがき（年賀欠礼状）を出すことで控えていた年賀状の発送や年始の挨拶も、喪明けの後はしてよい

■ 正月飾り、正月のお祝い料理
門松・しめ飾り・鏡餅などの正月飾りを飾ったり、おせち料理やお屠蘇などの正月のお祝い料理をいただくことも、喪明けの後はしてよい

■ 初詣、神社の参拝
初詣も、喪明けの後はしてよい。神道では、穢れを避けるため「忌中」は鳥居をくぐってはいけないとされる。また、忌明けの後なら一般的な神社の参拝はかまわないが、それでも喪中のうちは初詣は控えるべきとされている

■ 結婚式などの慶事の開催
自分や身内の結婚式などの慶事は喪中は避けるべきとされるが、喪明けの後はしてよい

■ 結婚式などの慶事の出席
結婚式などの慶事への出席も、喪明けの後はしてよい。ただし最近では、慶事への出席は「忌中」は控えるが、忌明け後なら喪中でもかまわないと考える人が増えている

ノート　別の人（たとえば父と祖父）の年忌法要が同じ年に重なる場合、「併修」といって、それらをまとめて行うことがあります。ただし、三回忌までは避けます。

お墓参りでの供養

チェックポイント
- □お寺に墓地がある場合は、住職への挨拶も忘れずに。
- □お参りをする前にお墓をきれいに掃除する。

お墓参りはいつ行ってもよい

お墓参りでは、故人の冥福を祈るとともに、感謝を捧げ、家族の無事を報告します。

一般的にお墓参りは、年忌法要やお盆（8月15日前後、地域によっては7月15日前後）、お彼岸（春分の日、秋分の日をはさんだ前後3日間）、正月、祥月命日などに行いますが、いつするかについての決まりはありません。

進学や就職、結婚、出産など人生の節目で報告を兼ねてお参りをするのもよいですし、なにかのついでに立ち寄るだけでも、故人や先祖との縁を確認することができるでしょう。

お墓参りの手順

お墓参りでは、故人や先祖を思いながら手を合わせるのが最も大切なことです。とはいえ、基本的なマナーや手順は心得ておきましょう。

お寺に墓地がある場合は、まず住職に挨拶をしに行きましょう。挨拶が済んだら本堂にお参りし、お墓へ向かいます。

お墓に着いたら、お参りをする前にお墓やそのまわりを掃除します。墓前で合掌してから落ち葉などを拾い、墓石をきれいにしましょう。掃除に使う道具は墓地に備えられていることが多いですが、用意されていなければ自分たちで準備して持参します。

掃除が終わったら、手桶にきれいな水をくみ、柄杓でお墓にかけて清めます。水でなく、お酒をかけてしまうと墓石がいたむ原因になりますので気をつけましょう。

故人の好きだった供物や花をお供えし、お線香をあげて合掌します。お線香に火をつけるライターなどは持参しましょう。

大切なアドバイス　お供え物は持ち帰る

お墓に果物やお菓子など、故人の好きだった食べ物をお供えすることがありますが、最近ではお供え物を持ち帰るように言われることが多くなりました。食べ物をそのままにしておくと、腐って、お墓にシミを作ったり、小動物が食べ散らかしたりするからです。お菓子などはその場で食べてしまっても問題ありません。

また、お墓を離れるときは、線香の火が消えたことを確認しましょう。お花はそのままにしておいてよい場合がほとんどです。

お墓参りの手順

お墓に合掌
お墓に着いたら故人や先祖に挨拶する

お墓の掃除
墓石のまわりの草をむしり、落ち葉を拾う
花立や線香皿などを洗い、墓石をわらかい布やスポンジで磨く

お墓を清める
手桶にきれいな水をくみ、柄杓で墓石にかける
※地域や宗派によっては行わない

供物や花をお供えする
お供え物は、半紙や懐紙を敷いてその上に供える

お線香を供える
お線香は立てる場合もあれば、寝かせる場合もある。地域や宗派のやりかたに従う

お墓に合掌
数珠があれば手に数珠をかける
墓石よりも姿勢が低くなるよう、しゃがむか低い姿勢で合掌する

片付け
お供え物は持ち帰る
ゴミが出たらそれもゴミ袋に入れて持ち帰る

神道でもお墓参りは命日やお盆、お彼岸に行います。キリスト教でも命日にお墓参りをするほか、カトリックでは「死者の日（11月2日）」にも行います。

仏壇での供養

チェックポイント
□ 仏壇を購入するタイミングは四十九日や一周忌が目安。
□ 毎日、朝夕の2回礼拝を行う。

家の中の小さなお寺

仏壇には本尊や位牌(いはい)が納められており、「仏様を祀(まつ)った家の中の小さなお寺」や「先祖や亡くなった家族を祀る小さな施設」の意味をもっています。日常的に仏壇に手を合わせることで、仏様や先祖、故人に向かい合うことができます。

仏壇には、花立(はなたて)や香炉(こうろ)、燭台(しょくだい)などの仏具も置かれます。仏具の飾り方は宗派や地域によって違いますので、詳しいことは菩提寺(ぼだいじ)などに相談しましょう。

仏壇飾りの例

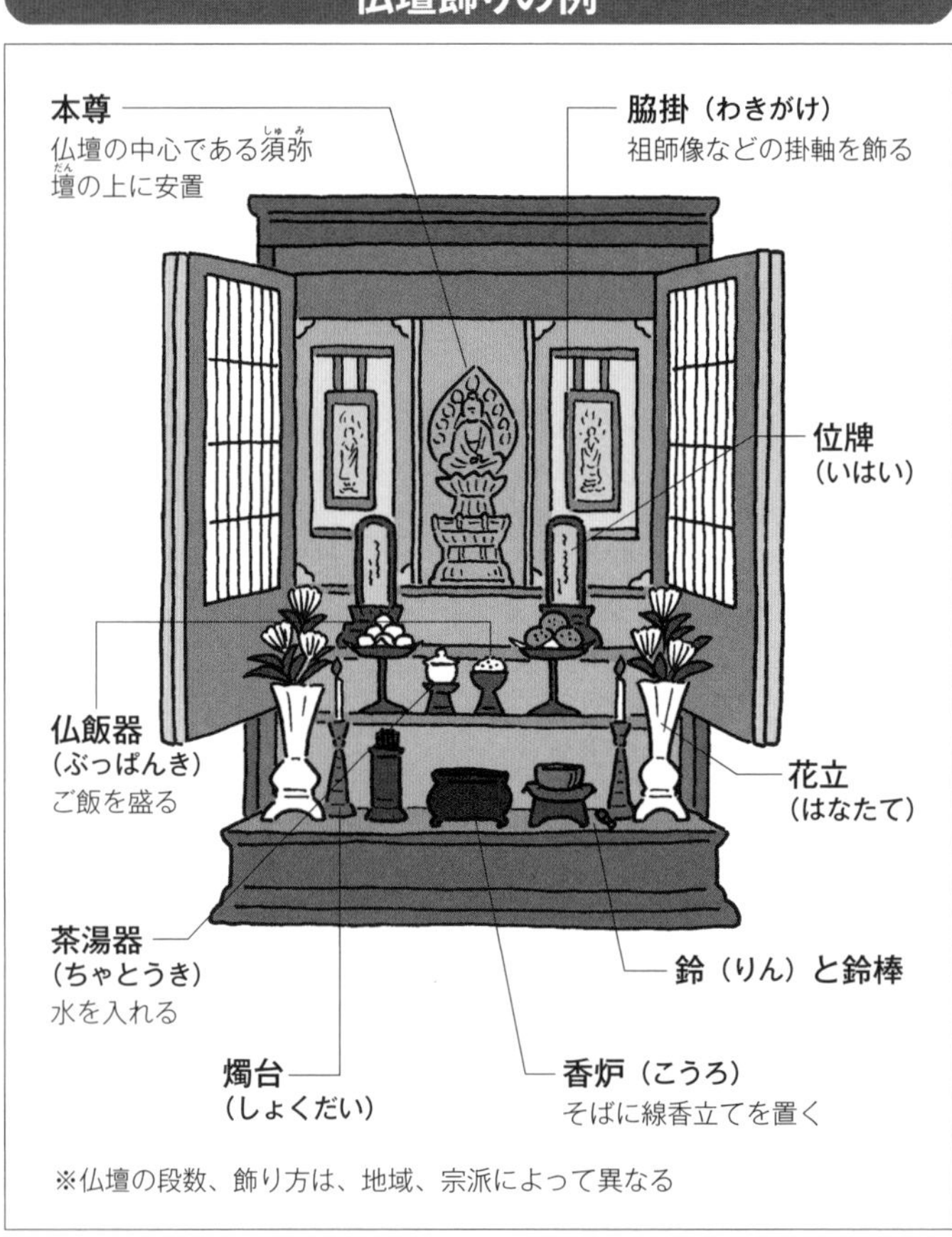

※仏壇の段数、飾り方は、地域、宗派によって異なる

仏壇での礼拝は毎日続けることが大切

仏壇は本来、代々受け継がれるものでしたが、核家族化などで仏壇のない家も増えています。身近な人が亡くなり、仏壇を購入することにした場合、タイミングとしては四十九日や一周忌を目安にすればよいでしょう。

仏壇での礼拝は、基本的に朝夕の1日2回行います。お線香をあげ、鈴（りん）を鳴らし、お経を唱えて合掌します。礼拝は毎日続けることが大切です。そのため、自分なりに簡略化してもかまいません。ご飯やお水、お茶なども毎日取り替えましょう。

また、仏壇は日頃から簡単な掃除をして、埃などがたまらないようにしておきましょう。

仏壇での礼拝作法の例

本尊に一礼　仏壇の前で正座し、本尊に一礼する。お供え物があれば供える

▼

線香を供える

ろうそくに火をともし線香に移す。
線香の供え方は、宗派ごとに主に下記のように分かれている

曹洞宗、日蓮宗、臨済宗	1本を立てて供える
浄土宗	1本を二つに折って立てて供える
浄土真宗	1本を二つに折って寝かせて供える
天台宗、真言宗	3本を立てて供える

▼

鈴を鳴らす　鳴らす回数は宗派やさらにお寺によっても異なるが、2回ほどが多い。浄土真宗などは鳴らさない

▼

お経、念仏を唱える

念仏（日蓮宗ではお題目）は、宗派ごとに主に下記のように分かれている

浄土宗、浄土真宗、天台宗	南無阿弥陀仏（なむあみだぶつ）
真言宗	南無大師遍照金剛（なむだいしへんじょうこんごう）
曹洞宗、臨済宗	南無釈迦牟尼仏（なむしゃかむにぶつ）
日蓮宗	南無妙法蓮華経（なむみょうほうれんげきょう）

▼

鈴を鳴らす

▼

終了　ろうそくの火を消して一礼する

仏壇を置く方向は、礼拝者が西（西方浄土）を向くように置く、礼拝者が宗派の本山を向くように置く、北向きにしないなど諸説があります。決まりはありません。

Column

お盆とお彼岸

お盆やお彼岸は、もともとは仏教に由来する行事ですが、祖霊信仰などが合わさって、日本独自の習慣となっています。

お盆は８月15日を中日（ちゅうにち）とした前後１日ずつの期間を指します。一部の地域では、７月15日前後をお盆としています。お盆は亡くなった先祖や家族の霊があの世から帰ってくる時期とされ、お盆の入りには迎え火を焚（た）いて霊をお迎えし、明けには送り火を焚いて送り出します。８月16日に行われる京都の「五山送り火」は有名です。

仏壇の近くには、精霊棚（しょうりょうだな）という棚を作って供物（くもつ）を供えたり、提灯（ちょうちん）などで飾ったりします。亡くなって初めてのお盆は「新盆（にいぼん、しんぼん、あらぼん）」といい、盛大に精霊棚を作って故人の霊を迎え入れます。また、きゅうりの馬を作ることで、それに乗って早く来てもらい、なすの牛でゆっくりと帰ってもらうという風習も広く残っています。

お彼岸は、春分の日と秋分の日を中日とした前後３日ずつの期間です。お彼岸は、私たちの住む此岸（しがん）と、ご先祖様がいる彼岸が最も近づく時期とされています。お盆と違い、祖先や家族の霊は帰ってきませんが、お墓参りをすることで、近くまで来ているご先祖様に会いに行くことができます。また、お彼岸には、ぼた餅やおはぎをお供えする習慣があります。ちなみに、ぼた餅とおはぎは同じもので、春の彼岸では春の花のぼたんからぼた餅、秋の彼岸では秋に咲く萩からおはぎと呼ぶようになったといわれています。

お盆やお彼岸は祖先や亡くなった家族について思いをはせる時期です。ご先祖から続く縁に感謝をするよい機会としてとらえ、お墓参りをするとよいでしょう。

第7章
遺言と相続

遺産相続の大まかな流れ

チェックポイント
□ 遺産相続は被相続人が亡くなった時点で開始される。
□ 遺言書の有無を確認し、無い場合は相続人全員で遺産分割協議を行う。

亡くなったその日から相続が始まる

人が亡くなると、たいていの場合、なんらかの財産が残されます。法律上で、「被相続人」、財産を残して亡くなった人を、財産を受け継ぐ人を「相続人」といいます。

相続は、被相続人が亡くなった時点から始まります。つまり、**被相続人の死亡日が手続きの期限や相続税の基準日となります**。

たとえ、相続人になり得る人が、被相続人の死亡を知らなかった場合でも相続は自動的に始まります。

遺言書の有無を確認する

相続がどのような手続きを踏んでなされるかは、遺言書の有無によって大きく変わります。

日本の法律では、法で決められた相続人とその相続分よりも、遺言の内容を優先していますので、遺言書があれば、それにしたがって遺産を分けます。

一方、遺言書がない場合は、法で決められた相続人が集まって遺産の分け方を決めます。そのため、まずは遺言書が存在するかどうかを確認する必要があります。

公正証書遺言の場合は、公証役場で遺言の検索をすることができます。また、被相続人が遺言書を法務局に保管してもらっている可能性もあります。

家や事務所の金庫などから遺言書が発見されても、勝手に開封することは厳禁です。**遺言書には家庭裁判所で検認をしてもらう必要があるものもあります**。

遺言書がない場合は法定相続になる

遺言書がない場合は、法による相続分の定めにしたがって、手続きを進めます。

法で決められた相続人を「法定相続人」、その相続分を「法定相続分」と呼びます。法定相続人は、配偶者（夫・妻）と子や孫などの「直系卑属」、親や祖父母などの「直系尊属」、兄弟姉妹など「血族相続人」に分かれます。それぞれに相続の優先順位と割合が定められています。

故人の戸籍をとり、相続人を確定させる

遺言書がない場合、相続人の調査も行います。これは遺産の分け方を決める「遺産分割協議」に、すべての相続人が参加する必要があるからです。

具体的には、故人の出生から死亡までの戸籍謄本や除籍謄本を確認し、どういった関係の相続人がどれだけいるのかを調べ、その範囲を確定させます。

遺産分割を進めている時点や確定後に、新たな相続人が見つかると、すべてがやり直しになってしまいますので注意しましょう。

故人の財産を調べる

次に行うのが、相続財産の調査です。

相続とは、故人がもっていた財産上の権利と義務を受け継ぐことです。

故人が所有していた土地や家屋、現金、預貯金、有価証券、貴金属、骨董品などの「プラスの財産」（これが「権利」にあたります）に加え、借金やローン、未払い金、連帯保証債務などの「マイナスの財産」（これが「義務」にあたります）も相続の対象となることに注意しましょう。

相続財産の調査は、これらすべてを洗い出し、リストアップしていく作業になります。

また、相続税の申告にも財産の把握が必要です。それぞれの財産の評価額を算定し、相続税がどれくらいかかるのかを判断しなければなりません。

ノート　「除籍謄本」とは、戸籍謄本に記載されている人が結婚や死亡などによって１人ずつ抜けていき、最終的に誰もいなくなった状態の戸籍のことです。

マイナスの財産が多い場合の選択肢

故人の財産を調査し、明らかに債務が多い場合には、「相続放棄」も検討に入れます。

相続放棄は、遺産に関する一切の権利と義務を放棄する制度です。また、相続したプラスの遺産から、借金などマイナスの遺産を返済する「限定承認」も検討することができます。

限定承認を選択した場合、遺産より借金が上回っていても、不足分を自分の財産から返済に充てる必要はありません。もちろん、借金返済後に残金があれば、それは相続することが可能です。

ただし、限定承認には相続人全員の合意が必要です。

なお、相続放棄や限定承認を選択した場合の手続きについては、178ページで詳しく解説しています。

相続人の全員で遺産分割協議を行う

相続開始時に相続人が複数いて、遺言書がない場合、相続人全員で遺産分割協議を行います。

遺産分割協議では、誰がどの財産を相続するのかを話し合い、「遺産分割協議書」を作成します。全員の合意が原則となっており、遺産分割協議書には相続人全員分の押印が必要です。

遺産分割協議が決裂となった場合、家庭裁判所に「遺産分割調停」を申し立て、合意に向けた話し合いを進めます。調停でも意見がまとまらないときは、家庭裁判所が遺産分割の審判を行います。

相続税の申告・納付を行う

遺産の規模が基礎控除を超える場合、相続税の申告と納付の手続きを行う必要があります。

この期限は相続開始から10カ月以内で、それを超えると延滞税などのペナルティも発生します。

相続税は現金一括納付が原則ですが、それができない場合には分割して支払う「延納」、それもできなければ財産そのものを納める「物納」という方法もあります。

以上のように、相続開始から相続税納付期限までの10カ月の間に行わねばならないことは多岐にわたります。特に相続人の確定や、財産の調査などは、できるだけすみやかに行うようにしましょう。

遺産相続の一般的な流れ

3カ月以内

相続開始（被相続人が死亡した日）	7日以内に市区町村役場へ死亡届を提出する
遺言書の有無を確認	遺言書には家庭裁判所で検認の手続きが必要なものもある
相続人の確定	遺言書の内容が優先される。遺言書がない場合は法定相続に。法で定められた法定相続人の優先順位と相続の割合にしたがい確定する
相続財産の調査・確認	被相続人の財産をリストアップする。プラスの財産もマイナスの財産もすべて洗い出す
遺産の評価・鑑定	それぞれの財産の評価額を算定し、相続税がどれくらいかかるか判断する
相続放棄・限定承認の検討	選択した場合は、家庭裁判所への申し立てを行う

4カ月以内

被相続人の準確定申告	故人（被相続人）に代わり、相続人が所得税の確定申告をする

10カ月以内

遺産分割協議	遺言書がない場合、相続人全員で話し合い、合意のうえで遺産分割協議書を作成する
相続税の計算と必要書類の作成	遺産の規模が基礎控除を超えると、相続税の申告と納付が必要になる
相続税の申告・納付	支払えない場合は、延納や物納を検討する

相続人のいない財産は、家庭裁判所が選任した「相続財産管理人」によって管理されます。一定期間、相続人等を捜索して現れなければ、国庫に納まるなどします。

相続の対象となる財産

チェックポイント
- □ プラスだけでなくマイナスの財産も相続の対象となる。
- □ 相続の対象にならない財産でも、相続税の対象となることがある。

プラスの財産とマイナスの財産

相続によって、被相続人から相続人に引き継がれる財産を「相続財産」といいます。また、「遺産」といわれることもあります。遺産分割や相続税の計算のためにも、相続財産は漏らさずリストアップする必要があります。

相続財産にはプラスの財産とマイナスの財産があり、そのすべてが相続の対象となります。

プラスの財産には次のようなものがあります。

①不動産と不動産上の権利

土地、家屋、店舗、借地権、借家権など

②現金や有価証券

現金、預貯金、外国通貨、株券、貸付金、売掛金など

③動産

貴金属・宝石類、骨董品、美術品、自動車、家財道具など

④その他

知的財産権（著作権、特許権）電話加入権、慰謝料請求権、損害賠償請求権、ゴルフ会員権など

一方で、マイナスの財産は次のようなものです。

①負債

借金やローン、買掛金、連帯保証債務など

②未払いの税金

③その他未払いのもの

クレジットカードの未決済分、未払いの家賃、経費など

これらを引き継いだ場合は、弁済する義務があります。

相続の対象にならない財産

故人の葬儀の際に受け取った香典や、故人の死亡退職金、遺族年金、未支給年金、受取人が指定されている生命保険金はそれぞれ遺族固有の財産とされ、相続の対象にはなりません。

また、墓地や墓石、仏壇や仏具といった祭祀（さいし）財産も祭祀継承者が単独で引き継ぐため、相続の対象とはされません。

相続税の対象となる「みなし相続財産」

相続の対象とはならない財産であっても、相続税の課税対象となるものがあります。

これを「みなし相続財産」といい、**代表的なものに、生命保険金や死亡退職金があります。**

生命保険金と死亡退職金については、「500万円×相続人の数」が非課税とされます。例えば、生命保険金3000万円を、2人の子供が1500万円ずつ受け取った場合、それぞれ500万円が非課税、1000万円が課税対象となります。

相続の対象になる財産とならない財産

相続の対象になる財産	プラスの財産	・土地 ・家屋 ・現金 ・預貯金 ・貴金属 ・宝石類 ・自動車 ・家財道具 ・有価証券　等
	マイナスの財産	・借金 ・ローン ・連帯保証債務 ・未払いの税金　等
相続の対象にならない財産		・死亡退職金 ・遺族年金 ・未支給年金 ・生命保険金 ・墓地・墓石 ・仏壇・仏具　等

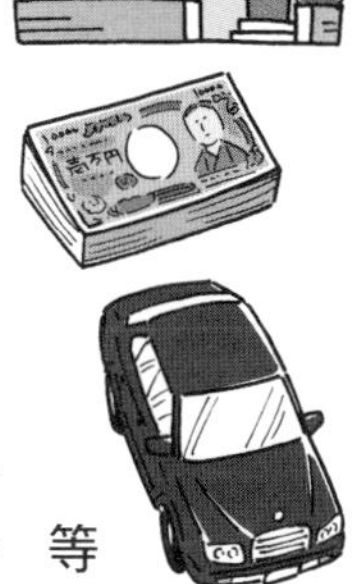

ノート　葬儀の費用として認められる支出は、相続税に関して控除の対象となります。ただし、香典返し、墓地・墓石での支出などは葬儀費用としては認められません。

相続人の範囲と相続分

チェックポイント

□ 遺言書がない場合、相続人と相続分は法律で定められている。
□ 相続人の順位やそれぞれの相続の割合を確認しておく。

法の定めにしたがって相続する場合

相続の手続きでは、亡くなった人の遺言書が最優先されます。遺言書が法的に有効であると認められれば、遺産の相続分は遺言の指定通りに決まります。

遺言書がない場合、法定相続となり、民法が定めた「法定相続人」の範囲と相続の割合（法定相続分）にしたがいます。

法定相続人とは相続の際に遺産を受け取る権利がある配偶者（夫・妻）と血縁者（「血族相続人」といいます）のことで、**被相続人との関係によって、第1順位から第3順位まで、相続の際の優先順位が定められています。**

どのような場合でも配偶者は相続人となる

法定相続人のうち、配偶者はどのような場合でも必ず相続人となります。ただし、相続における「配偶者」は、法的な婚姻関係にある人を指しています。事実婚の場合などは相続人になれません。

一方、被相続人の死亡当時、別居や離婚についての争いが生じていたとしても、婚姻関係が継続していれば法定相続人として認められます。

血族相続人の第1順位は子や孫

配偶者以外の血縁者は、優先順位が高い人から、配偶者とともに相続人になります。血縁者で同じ順位の人が複数いる場合は、その全員が相続人となります。

法定相続人の第1順位は被相続人の子や孫（直系卑属）となっています。被相続人に子供がいる場合、配偶者とその子供が相続人となります。

配偶者がいる場合の相続分は、配偶者と子で2分の1ずつになり

ます。子が複数いるときは、2分の1を人数で等分します。配偶者が亡くなっている場合、子がすべてを相続します。

被相続人が離婚して、別れた妻が子供を引き取っている場合、別れた妻は相続人になれませんが、子には相続人になる権利があります。また、被相続人の再婚相手との子は相続人になれますが、再婚相手に連れ子がいた場合、その子は相続人にはなれません。

被相続人の子が、被相続人よりも前に亡くなっていた場合、子の子（被相続人の孫）が代わって相続します。これを「代襲相続」といいます。孫が亡くなっていた場合は、その子（被相続人のひ孫）へというように、直系の子孫がいるかぎり、相続は受け継がれていきます。

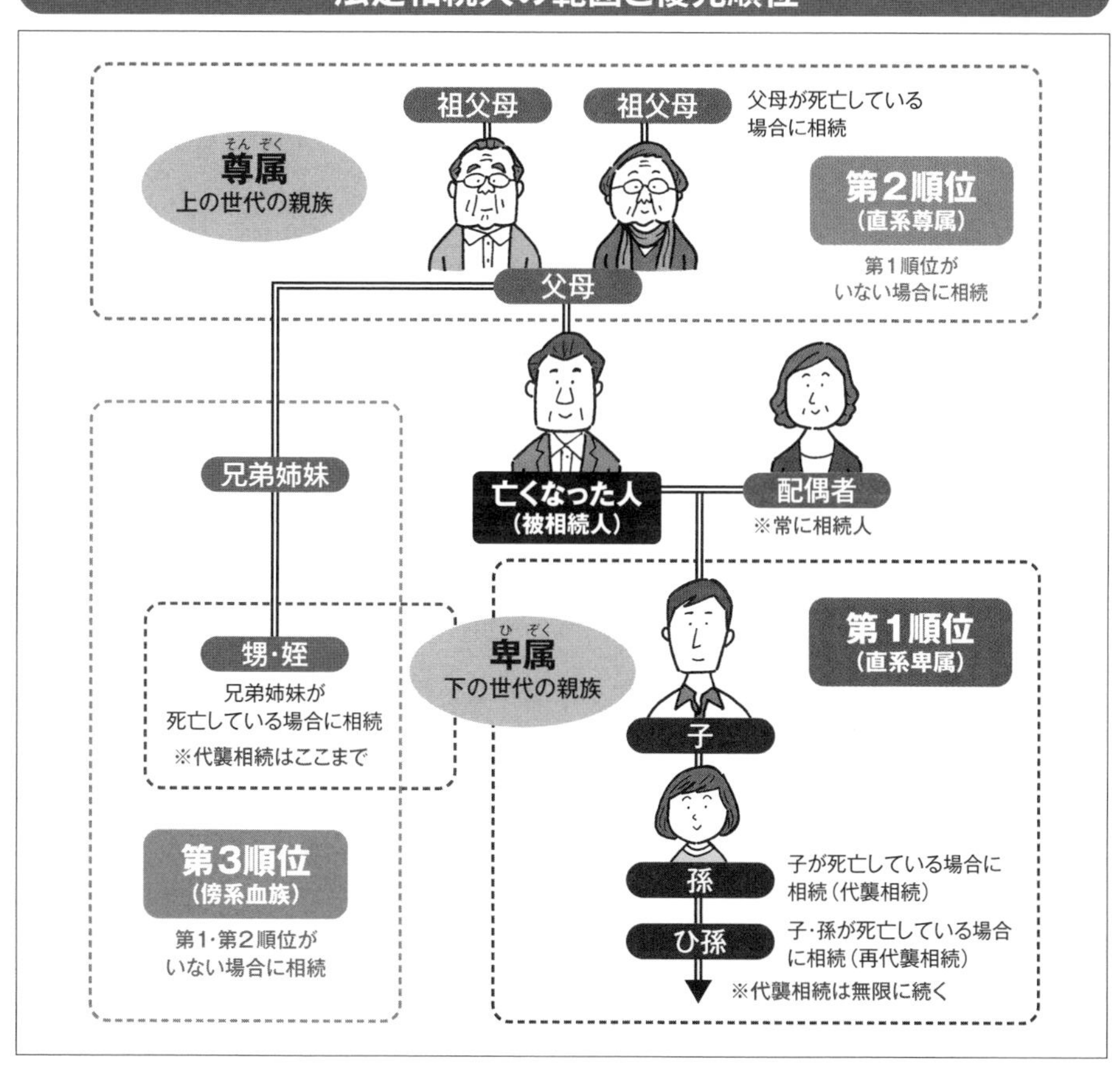

養子や認知を受けた子も相続の権利をもつ

被相続人に養子がいる場合、養子は実子と同じ相続の権利が認められています。

ただし、相続税における基礎控除額の算出に関しては養子の人数について上限があります。法定相続人として養子が認められるのは、実子がいるときは1人まで、実子がいないときは2人までとなります。

また、通例として、養子であれば、実親との親子関係と、養親との親子関係が同時に存在します。そのため、その子は実親の相続人にも、養親の相続人にもなることができます。

一方、実親との親子関係を解消した特別養子の場合は、実親が亡くなっても相続人になることはできません。

認知を受けている非嫡出子（法律上の婚姻関係をもたない男女の間に生まれた子、「婚外子」ともいます）も、実子と同様に相続人として認められます。

例えば、内縁の妻との間に子供がいた場合、内縁の妻は相続人になれませんが、子供は、認知されていれば相続人になることができます。

このように、**被相続人が男性の場合は、認知されていることが相続の条件となります**。一方で、被相続人が女性の場合は、認知の有無は問われません。

血族相続人の第2順位は父母や祖父母

被相続人に第1順位の子や孫な

大切なアドバイス

法定相続人の調べ方

遺産分割協議にはすべての相続人の参加が必要です。そのため、協議を始める前に、相続人が誰であるかを確定させる必要があります。

相続人を確定させるためには、被相続人の戸籍を調べなければいけません。

まずは本籍地の役所で最新の戸籍を入手し、被相続人の親が筆頭者となっている戸籍まで遡る必要があります。出生から死亡までの間に、本籍地を何度も移している人の場合、戸籍集めはかなりの時間と手間がかかります。弁護士や司法書士などの専門家にお願いするのもよいでしょう。

どがいない場合は、被相続人の父母が相続人となります。養親も、実親と同じく相続の権利を有します。

父母が亡くなっていても、祖父母がいれば、祖父母が相続人になります。これらの父母や祖父母など、自分よりも前の世代の血縁者を「直系尊属（そんぞく）」といいます。

配偶者がいる場合の相続分は、配偶者が3分の2、父母は3分の1になります。父母ともに生存していれば3分の1を、2で割って、6分の1ずつを相続します。配偶者も直系卑属（ひぞく）も亡くなっている場合は、父母がすべてを相続することになります。

血族相続人の第3順位は被相続人の兄弟姉妹

被相続人に直系卑属（子や孫）も直系尊属（父母や祖父母）もいない場合、被相続人の兄弟姉妹が相続人になります。

兄弟姉妹がすでに亡くなっているときは、その子（被相続人の甥や姪）が代わりに相続人になります。ただし、甥や姪も亡くなっている場合は、甥や姪の子は相続人になれません。**第3順位のみ、代（だい）襲（しゅう）相続は1代限りとなります。**

被相続人に配偶者がいる場合の相続分は、配偶者が4分の3、兄弟姉妹が4分の1になります。兄弟姉妹が複数いるときは、4分の1を人数で等分します。

配偶者、直系卑属、直系尊属のすべてがいない場合は兄弟姉妹がすべて相続します。

異母兄弟や異父兄弟も相続権を有しますが、相続の割合は父母を同じくする兄弟姉妹の2分の1になります。

法定相続人それぞれの相続の割合

配偶者と子（または孫）	配偶者２分の１	子（または孫）２分の１
配偶者と父母（または祖父母）	配偶者３分の２	父母（または祖父母）３分の１
配偶者と兄弟姉妹（または甥・姪）	配偶者４分の３	兄弟姉妹（または甥・姪）４分の１
配偶者のみ	すべて相続	
子（または孫）のみ	すべて相続	
父母（または祖父母）のみ	すべて相続	
兄弟姉妹（または甥・姪）のみ	すべて相続	

ノート　養子縁組を行う以前から、養子に子がいた場合、養子が亡くなっていても、その子には代襲相続の権利は発生しません。

配偶者に自宅を生前贈与する場合

チェックポイント
- □ 配偶者に自宅を生前贈与することで、相続の対象から外すことができる。
- □ 配偶者に住む家と生活資金を残すのに有効。

配偶者に自宅を生前贈与する

2018（平成30）年の民法改正で、相続における配偶者の権利が拡充されました。それは「配偶者居住権」や「配偶者短期居住権」の新設と、自宅の生前贈与についての制度改正です。

高齢化で夫（妻）に先立たれた配偶者が増えているため、その住まいと生活資金を確保することが改正の目的です。

2019（令和元）年7月から、配偶者に自宅を生前贈与することで、自宅は遺産相続の対象から外すことができるようになりました。同様のことは遺言書の「遺贈」でも可能です。ただし、**この特例が適用されるのは、結婚して20年以上の夫婦に限ります。**

例えば、夫婦と子が2人の世帯で、2000万円の価値の自宅と、預金が3000万円、計5000万円の財産があって、夫が死亡した場合、法定相続分にしたがうと、妻が財産の2分の1である2500万円、2人の子にはそれぞれ4分の1の1250万円が相続されます。このとき、2000万円の自宅を妻が相続したとすると、妻の元に残る預金は500万円だけとなってしまい、今後に経済的な不安を残します。

しかし、自宅を妻に生前贈与しておけば、2000万円の自宅が相続対象から外れますので、残りの預金3000万円を妻と子2人で分割し、妻が1500万円、子がそれぞれ750万円を相続することになります。これで妻は自宅と今後の生活資金を確保できます。

二次相続での相続税負担も考える

この生前贈与の特例を利用した場合、気をつけなければいけないのが「二次相続」での相続税負担です。特に、一定以上の資産がある世帯の場合は注意が必要です。

二次相続とは、一般的に両親が続けて亡くなった場合の相続を指します。父、母、子の世帯で、父が先に亡くなり、次に母が亡くなったとすると、父死亡時の相続が「一次相続」、母死亡時の相続が二次相続になります。

配偶者に自宅を生前贈与した場合、二次相続では一次相続よりも遺産が大幅に増える可能性があります。そのため、妻に遺産を残しすぎると、その後の二次相続で子が担う相続税の負担が大きくなってしまう恐れがあります。

一次相続の時点で子に多くの遺産を移しておいたほうが、トータルでの相続税が少なくなるケースもありますので、前もって検討しておきましょう。

自宅を生前贈与したときの遺産分割の例

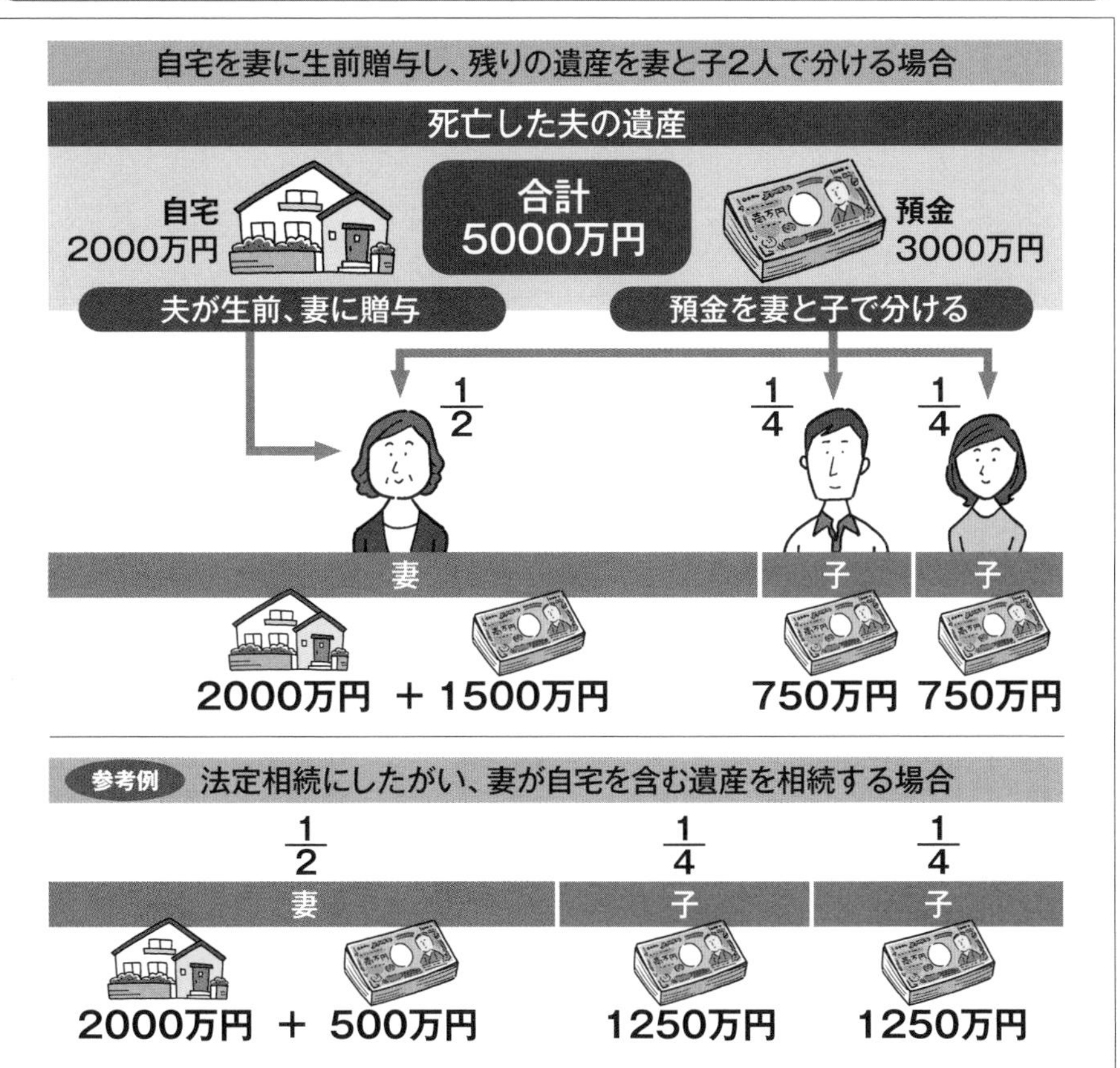

ノート　遺産の多くを不動産が占めていた場合、自宅の生前贈与の制度を利用すると、その他の相続人の遺留分を侵害する恐れもあります。慎重に検討しましょう。

配偶者居住権と配偶者短期居住権

チェックポイント

□ **自宅の価値を所有権と配偶者居住権の2つに分割できる。**

□ **退去しなければならない場合も、条件を満たせば一定期間住み続けられる。**

配偶者が自宅に住み続けられる制度

２０２０（令和2）年4月から、「配偶者居住権」や「配偶者短期居住権」という新しい考え方を導入した制度が始まりました。配偶者に自宅を生前贈与した場合の特例と同様、相続で妻が自宅を失うことなく、安心して老後を過ごせるよう考えられた制度です。

遺産分割時の自宅の価値

この制度では、**相続の遺産分割時に自宅の価値を「所有権」と「配偶者居住権」に分けることができます。**配偶者居住権とは、亡くなるまでの期間、その家に住むことができる権利です。

例えば、相続人が妻と子だけの世帯で、２０００万円の価値の自宅と預金３０００万円が残された場合、法定相続分にしたがえば、妻と子で遺産を半分の２５００万円ずつ受け取りますが、妻が住み続けるために自宅を相続すれば、受け取れる預金は５００万円だけということになります。

しかし、自宅の価値を所有権（１０００万円）と配偶者居住権（１０００万円）に分け、所有権を子が、配偶者居住権を妻が相続すれば、お互いに預金１５００万円が相続でき、妻にとって、老後の生活費の面で安心が増します。

配偶者居住権についての注意点

配偶者居住権の評価方法は、建物の時価や残存耐用年数、配偶者の平均余命の年数などを用いて計算しますが、平均余命が長いほど居住権の価値は高くなります。

ただし、**配偶者居住権は不動産の登記簿謄本に登記をしないと、充分な効力が生まれません。**登記を行わないと、所有権をもつ者によって売却される恐れもあります。

また、「配偶者居住権」は、相続発生時にその自宅に住んでいた配偶者だけに認められます。持ち家を他人に貸していた場合などは、居住権が発生しないので注意が必要です。

住んでいた家を一定期間無償で使用できる

配偶者居住権とは別に、配偶者短期居住権も新設されました。

これは、住んでいた家や建物が相続で他者に渡ってしまったり、処分しなければならなくなった場合でも、一定期間（目安として6カ月間）、配偶者が引き続きその建物を使用できる権利です。

この権利は妻が相続発生時に夫の持ち家に無償で住んでいた場合に認められます。

配偶者居住権を利用した遺産分割の例

夫が死亡し、法定相続にしたがい、妻と子で遺産を分ける場合

死亡した夫の遺産

自宅 2000万円 ／ 合計 5000万円 ／ 預金 3000万円

▶配偶者居住権が妻に認められないと…

妻 $\frac{1}{2}$	子 $\frac{1}{2}$
自宅に住めるが生活費が不安 2000万円 ＋ 500万円	2500万円

▶配偶者居住権が妻に認められると…（自宅の価値を配偶者居住権と所有権に分ける）

妻	子
配偶者居住権　自宅に住めるし、生活費も増える 1000万円 ＋ 1500万円	所有権 1000万円 ＋ 1500万円

※自宅の価値を1000万円の所有権と1000万円の配偶者居住権とした場合

ノート　配偶者短期居住権は、配偶者居住権と違って、不動産の登記簿謄本に登記することはできません。

相続についての3つの選択

チェックポイント

- □ 相続には単純承認、限定承認、相続放棄の選択肢がある。
- □ 相続財産の確認をして、それぞれに合った方法を選ぶ。

相続するかどうかは自由に判断できる

遺産相続では、プラスの財産もマイナスの財産もすべてがその対象となります。被相続人の負債が大きかった場合、相続人は相続することで大きな借金などを背負ってしまうことにもなります。

このようなケースから相続人を保護するために、166ページでも述べたとおり、相続にはいくつかの選択肢が用意されています。相続はしなくてはいけないものではありません。遺産を相続するかどうかは相続人が自由に判断できます。

選択肢は次の3つです。

①単純承認

債務を含む相続財産のすべてを無条件・無制限に相続する方法です。一般的に「相続」というと、この単純承認を指します。

②相続放棄

相続に関するすべての権利を放棄する方法です。相続人の残した遺産の大半が負債であったケースでは、相続放棄を選ぶことで弁済の義務から逃れることができます。

③限定承認

プラスの財産とマイナスの財産があった場合、プラスの財産の限度内でマイナスの財産分も相続する方法です。プラスとマイナス、どちらの財産が多いかすぐに判断できない場合や、どうしても相続したい財産があった場合などに利用されます。

どの選択肢を選ぶか、考える期間は3カ月

3つの相続方法のうち、どれを選択するべきか考えるための期間を「熟慮期間」といいます。これは相続の開始があったことを知ったときから3カ月以内とされます。

相続放棄や限定承認を選択する場合は熟慮期間内に、申述(しんじゅつ)を家庭裁判所に行う必要があります。

　ただし、被相続人の財産をすべて調べて財産目録を作り、相続方法を決定するには、３カ月では足りないこともあるでしょう。その場合は、**家庭裁判所に「相続の承認又は放棄の期間の伸長の申立書」を提出することで、熟慮期間の延長を求めることができます。**家庭裁判所は財産の権利関係や、相続人の人数などを考慮して、熟慮期間の延長を認めるかどうか、また延長の期間はどれくらいにするかを判断します。申し立てが却下された場合でも、裁判所に即時抗告という不服申し立てができます。

　なお、相続人が複数いる場合には、相続人ごとに熟慮期間の延長を申請する必要があることに注意しましょう。

相続にあたっての3つの選択肢

相続の開始（被相続人の死亡日）

3カ月の熟慮期間内に判断する ※足りなければ家庭裁判所に延長を求める

相続の承認

単純承認
- ■プラスの財産もマイナスの財産も無条件・無制限に相続する
- ■相続の意思があるなしにかかわらず、何もしないまま3カ月が過ぎると自動的に単純承認となる

限定承認
- ■プラスの財産の範囲内でマイナスの財産も引き継いで相続する
- ■相続人全員の合意が必要

相続放棄
- ■プラスの財産もマイナスの財産も、相続に関するすべての権利を放棄する
- ■相続人単独で手続きができる

相続の開始があったことを知ったときから3カ月以内に家庭裁判所へ申し立てる

ノート　「申述」とは民事訴訟手続きで使用される用語で、訴訟当事者（遺産相続では相続人）が裁判所または裁判官に対して行う申し立てや陳述のことです。

単純承認したとみなされるケースに注意

単純承認をする場合、手続きは必要ありません。熟慮期間の３カ月が経過すれば、自動的に単純承認されたことになります。

ただし、次のようなことをすると、その意思がなくても単純承認したものとみなされますので、注意が必要です。

①相続の方法を決める前に、遺産のすべて、または一部を使ってしまった場合。

②相続放棄や限定承認をした後に、遺産のすべて、または一部を使ってしまった、もしくは隠した場合。

③限定承認をする際、家庭裁判所に提出する遺産目録に、わざと遺産の一部を記載しなかった場合。

このような行為は、遺産を相続する意思がある、とみなされます。ただし、厳密な運用がなされているわけではありません。少しの額を葬儀費用や故人の治療費に充てた場合や、あまり価値のないものを譲り受けた場合などは単純承認にならないと判断されることもありますので、専門家や家庭裁判所に相談してみましょう。

相続放棄をすると相続人の権利を失う

相続財産にマイナスの財産が多い場合や、遺産を親と一緒に住んでいた兄弟姉妹に譲りたいなどの事情があるときは、相続放棄を行います。

相続放棄の手続きは、家庭裁判所に相続人本人が「相続放棄申述書」を提出します。

いったん相続放棄をすると、相続人の権利を失い、代襲（だいしゅう）相続もできなくなります。さらに、後に別の相続財産が見つかった場合も、相続放棄の撤回は原則として認められません。

負債が理由で相続放棄をする際には、ほかの相続人にその旨をきちんと知らせておきましょう。**相続放棄した分の負債は消滅するわけではなく、ほかの相続人に移ります。**そうなると、ほかの相続人の負担が増えますので、トラブルの原因になりかねません。

限定承認には相続人全員の合意が必要

相続放棄は個々の相続人が自由に申し立てできますが、限定承認の場合はすべての相続人の合意が必要となります。1人でも反対の人がいると限定承認は認められないことに注意しましょう。

限定承認の場合も家庭裁判所に「相続の限定承認の申立書」を提出します。さらに、プラスの財産もマイナスの財産もすべて書き出した遺産目録を作成する必要があります。

家庭裁判所によって限定承認が認められた場合、**被相続人にお金を貸していた人すべてに、限定承認したことを公告する必要もあります**。これは限定承認が認められた日から5日以内に行わなければいけません。

一見、便利な方法に見える限定承認ですが、実際は手続きが非常に煩雑で面倒であり、税金の面でもデメリットが大きいといわれます。そのため、限定承認を選択する人は少ないのが実状です。

単純承認をしたとみなされる代表的な行為

何も手続きをせず、熟慮期間の3カ月が経過する	相続の方法を決める前に、遺産のすべて、または一部を使ってしまう	相続放棄や限定承認をした後に、遺産のすべて、または一部を使う、もしくは隠す	限定承認をする際、家庭裁判所に提出する遺産目録に、わざと遺産の一部を記載しない

単純承認

プラスの財産もマイナスの財産もすべて相続する。借金があった場合は、借金も一緒に相続しなければならない。借金だけを除外して、プラスの財産だけを相続することはできない

相続人の全員が相続放棄をした場合、残された財産は競売などで換金され、債権者に分けられます。債務返済後に、もし財産が残っていたら国のものとなります。

相続権を失う場合

チェックポイント
- □ 遺言に関する不当な関与を行った人は、相続の権利が失われる。
- □ 被相続人の意思で、相続の権利を廃除することもできる。

法律によって相続権を剥奪される場合

法定相続人になれる立場にあったとしても、「相続欠格（けっかく）」となり、相続権を剥奪される場合があります。相続欠格は法に定められており、裁判などの手続きを経ることなしに、自動的に相続権がなくなります。欠格事由は、次のようなものです。

①被相続人などの生命を脅かす行為

被相続人や、先の順位または同順位の相続人に対し、殺人・殺人未遂で刑罰を受けた場合です。あるいはまた、被相続人が殺害されたことを知りながら告発・告訴をしなかった場合も、欠格事由にあたります。

②遺言に関する不当な関与

被相続人をだましたり、脅したりして、遺言書の作成や変更を行わせた、または妨害した場合。また、遺言書を偽造、変造、破棄、隠匿した場合です。

ただし、①のうち、被相続人が殺害されたのに告発・告訴をしなかったケースには例外があります。告訴・告発をしなかった本人が年少者などで「是非の弁別（物事の善し悪しを理解すること）」がない状態にあった場合と、被相続者を殺害した人が、告発をしなかった人の配偶者や親、子供であった場合です。

また、殺人・殺人未遂については実刑に処されることが条件となっていますので、執行が猶予され、執行猶予期間を満了した人は相続欠格とはなりません。

相続欠格となった人には、遺贈（いぞう）（遺言で遺産をもらうこと）や遺留分の権利も許されていません。

ただし、生前贈与は認められています。これは被相続人が相続欠格となった人を許したものと考えられるからです。

被相続人は相続の権利を廃除できる

相続欠格と同様に、相続人の資格を失うものに「相続廃除」があります。

被相続人に対する虐待行為や、重大な侮辱を与える言動があった場合、被相続人は自らの意思で権利者を相続人から外すことができます。廃除の対象となるのは、遺留分が認められている推定相続人(兄弟姉妹以外の法定相続人)です。

被相続人の生前に廃除を行う場合は、家庭裁判所に申し立てを行います。遺言書によって相続廃除請求の意思表示をした場合は、遺言執行者が家庭裁判所に申し立てを行います。家庭裁判所で調停または審判を受けて、廃除事由ありと認められれば、相続廃除が確定します。

ただし、生前相続廃除が確定した後でも被相続人が家庭裁判所に申し出れば、廃除を取り消すことは可能です。同様に遺言書でも廃除を取り消すことができます。

また、相続欠格では遺贈が認められていませんが、相続廃除では、遺贈が可能です。

相続欠格・相続廃除でも代襲(だいしゅう)相続は可能

相続欠格や相続廃除で相続権がなくなっても、相続人に子供や孫などの直系卑属(ひぞく)がいた場合は、代襲相続が成立します。通常の法定相続と同じように、直系卑属であれば、無限の代襲相続が認められます。子供が実子であるか、養子であるかは問われません。

相続欠格・相続廃除の要件

	相続欠格	相続廃除
対象	法定相続人	遺留分が認められている推定相続人
手続き	不要	被相続人が生前に家庭裁判所に申し立てる
		遺言書で意思表示し、遺言執行者が家庭裁判所に申し立てる
取り消し	——	家庭裁判所に申し出て取り消すことができる
遺贈	できない	できる
代襲相続	できる	できる

遺言書の効果

チェックポイント

□遺言書の法的に効力のある内容は決まっている。
□決まった方式があり、それに則っていなければ無効となるおそれがある。

身分、財産、相続への効力をもつ

遺言書は、自身の思いや考えを残された家族などに伝えたり、死後の相続争いを避けるために書かれます。

遺産相続では、遺言書が非常に強い力をもっていますので、法定相続よりも優先されます。

とはいえ、遺言書に何を書いてもよいというわけではありません。法的に効力をもつ遺言の内容は、次の3つです。

①身分に関すること

子供の認知、未成年者の後見人の指定などができます。

②財産の処分に関すること

財産の寄付などを指定できます。また、法定相続人以外に財産を遺贈することも可能です。

③相続に関すること

遺産を誰に相続させるかなどを決めることができます。法定相続分とは異なる相続分を指定することが可能です。

それ以外の内容については、たとえ遺言書に書かれていたとしても、法的な効力はありません。

家族への思いや遺産分割についての考えなどを書き加える場合は、「付言」を利用します。

遺言書が法的に無効となる場合もある

遺言書には法律で決められた方式があり、それに則っていなければなりません。必要な形式が満たされない遺言書は法的には無効となります。

特に被相続人自身が作成する「自筆証書遺言」では、署名がない、日付の記載がないなどの理由で無効になることがあります。

ただし、相続人の間で納得できれば、法的に無効とされた遺言書でも、その内容通りに遺産相続を行うことは問題ありません。

法的な効力をもつ遺言の内容

①身分に関すること	子を認知する
	未成年者の後見人や後見監督人を指定する
②財産の処分に関すること	法定相続人以外の人に財産を遺贈する
	財産を寄付したり、一般財団法人を設立したりする
	財産を指定した信託銀行に預ける
③相続に関すること	法定相続分とは異なる、各相続人の相続分を指定する
	遺産分割を禁止する（最長５年）
	相続人を廃除する
	相続廃除を取り消す
	遺言執行者を指定する
	墓地や墓石などの財産を継承する人（祭祀承継者）を指定する

無効とされる自筆証書遺言

無効とされる自筆証書遺言
自筆でないもの。パソコンなどで作成したものや、録音されたもの、代筆されたものは不可
日付の記載がないもの
署名がない、または他人が署名したもの
捺印がないもの
加筆・修正の手順間違いがあるもの（加筆・訂正部分だけが無効となる）
夫婦や兄弟姉妹など、２人以上が共同で書いたもの
15 歳未満の人が書いたもの
脅迫などによって書かされたおそれがあるもの

「遺言」は通常「ゆいごん」と読みますが、相続に関して法的な効力をもつ場合、法律用語として「いごん」と読まれることもあります。

遺言書の方式

チェックポイント

□ **遺言書の作成方式には普通方式と特別方式がある。**

□ **一般的には普通方式の、自筆証書遺言と公正証書遺言が用いられる。**

普通方式には3つの種類がある

遺言書の作成方式には、大きく分けて普通方式と特別方式があり、多くは普通方式で作成されます。

まず、普通方式に次の3種類があることを知っておきましょう。

①自筆証書遺言

②公正証書遺言

③秘密証書遺言

①の自筆証書遺言は、遺言者がすべてを自筆で紙に書くものです（財産目録はパソコンなどで作成できます）。代筆は認められていません。費用もかからず、いつでも好きなときに作成できます。

②の公正証書遺言は遺言者が口述した内容を、公証人が文書化します。2人以上の証人が必要で、作成には費用がかかります。

③の秘密証書遺言は遺言者が作成し、封をした遺言書を、公証役場に持参し、公証人に自分が作成した遺言書であることを証明してもらいます。これも2人以上の証人が必要で、費用がかかります。

秘密証書遺言は、公正証書遺言と異なり、遺言の内容を明らかにする必要がありません。ただし、公証人による内容の確認がありませんので、法的な不備によって無効となるおそれもあります。また自筆証書遺言とは異なり、自筆である必要はなく、パソコンなどで作成したものでかまいません。

遺言を作成するにあたって、秘密証書遺言はあまり選択されません。**自筆証書遺言と公正証書遺言が一般的になっています。**

遺言者が特殊な状況にある場合

遺言には普通方式とは別に、特別方式というかたちのものがあります。これは遺言者が特殊な状況にあって、普通方式の遺言状を作成できない場合の遺言書です。

特別方式の遺言には、「危急時遺言」と「隔絶地遺言」の２種類があります。

危急時遺言は、遺言者に死の危険が迫った状況での遺言です。作成には証人の立ち合いや、家庭裁判所による確認が必要となります。「一般危急時遺言（「一般臨終遺言」「死亡危急者遺言」ともいう）」と「船舶遭難者遺言」があり、死が迫っているが、意識のあるうちに遺言書を作成したい場合は、一般危急時遺言の方式をとることができます。

隔絶地遺言は、遺言者が一般社会との交通が断たれた場所にいる場合に認められます。「一般隔絶地遺言（伝染病隔離者遺言）」と「船舶隔絶地遺言」があり、証人の立ち合いが必要ですが、家庭裁判所の確認は不要です。

普通方式の遺言書の種類と特徴

種類	特徴	
自筆証書遺言	【作成方法】遺言者（被相続人）が、自筆で書く 【メリット】手軽で費用もかからず、思い立ったときに作成できる。証人を立てる必要もない 【デメリット】内容の不備や形式のミスによって無効になるおそれがある。他者による破棄や改竄、隠匿のリスク、死後に発見されないおそれもある（ただし、法務局での保管制度を利用できる）	
公正証書遺言	【作成方法】遺言者が公証人の面前で遺言の内容を口述したものを文書化、２人の証人を立てて作成する 【メリット】内容の不備や形式のミスを気にする必要がない。紛失や改竄などのリスクがない。死亡後の家庭裁判所の検認も不要 【デメリット】証人を２人立てる必要があり、遺言の内容を知られる。相応の費用がかかる	証人 遺言者 公証人
秘密証書遺言	【作成方法】遺言者が作成し（自筆、代筆、パソコンなどでも可）、封印したうえで公証役場へ持参し、遺言書の存在を証明してもらう 【メリット】遺言したことは知られるが、遺言の内容については秘密にできる 【デメリット】内容の不備や形式のミスによって無効になるおそれがある。証人を２人立てる必要がある	

ノート　特別方式で遺言書を作成後、状況が変わり、普通方式で作成できるようになった場合、そこから６カ月以上生存していれば、特別方式の遺言書は無効となります。

自筆証書遺言について

チェックポイント
□ 手軽に作成できるが、形式のミスや内容の不備に注意しなければならない。
□ 法務局で原本とデータを保管してもらえる。

費用もかからず手軽に作成できる

自筆証書遺言は、財産目録などを除く全文を、遺言者が自筆で書き上げる遺言書のことです。

署名、日付、捺印があればよく、最も手軽で、費用もかからず、思い立ったときに作成できるのがメリットです。証人を立てる必要もありませんので、遺言の内容や、作成したことを秘密にしておくこともできます。

書き方にも決まりはありませんが、相続人が読んだときにすぐ理解できるよう、譲る財産や贈る相手をわかりやすく具体的に書くことが大切です。**法律用語を使う必要はありません**。普段使いの言葉で書きましょう。

土地や建物の相続については、「土地は長男に相続させる」だけでは不十分な可能性があります。**不動産を特定させる場合は住所ではなく、不動産登記簿の通りに記載する必要があります**。

預貯金口座などが複数ある場合は、それぞれの金融機関名、支店名、預貯金の種類、口座番号などを記載しておきます。

財産目録を別紙として作成すれば、本文を簡略化できます。

財産目録の作成はパソコンなどでもよい

高齢となり、字を書くことが大変になってきたという人もいますが、自筆証書遺言は必ず自分で書かなければいけません。代筆してもらうと、その遺言書は無効になります。

２０１９（平成31）年から、自筆証書遺言に関する制度が変更されました。高齢者の負担を考慮して、自筆でなければいけないのは本文だけになっています。別紙の財産目録はパソコンなどで作成することが可能です。ただし、すべてのページに署名と捺印をする必要があります。

法務局で原本とデータを保管してもらえる

公正証書遺言と違い、プロの目が入っていませんので、形式のミスや内容の不備があれば、無効となる危険性があります。

自筆証書遺言では、他者による破棄や改竄、隠匿も起こりえます。また、遺言者自身が遺言の存在を忘れるなどして、死後に発見されないおそれもあります。

こうしたことを防ぐために、自筆証書遺言の原本とデータを法務局で保管してくれる制度が２０２０（令和２）年７月から始まっています。保管にかかる安全性を重視するなら、この制度の利用を検討するとよいでしょう。

自筆証書遺言の作成例

遺言書

１　私は、私の所有する別紙目録第１記載の不動産を、長男鈴木次郎（平成○年○月○日生）に相続させる。

２　私は、私の所有する別紙目録第２記載の預貯金を、長女鈴木愛子（平成○年○月○日生）に相続させる。

３　私は、この遺言の遺言執行者として、次のものを指定する。

住所　東京都渋谷区代々木６丁目○番地○
職業　弁護士
氏名　佐藤和子
生年月日　平成○年○月○日

令和○年○月○日

住所　東京都渋谷区富ヶ谷３丁目○番地○

鈴木太郎㊞

すべて自筆で書く

物件等目録

第１　不動産

１ 土地
所在　東京都渋谷区富ヶ谷３丁目
地番　○番○
地積　○○平方メートル

２ 建物
所在　東京都渋谷区
富ヶ谷３丁目○番地○
家屋番号　○番○
種類　居宅
構造　木造瓦葺２階建
床面積　１階 ○○平方メートル
２階 ○○平方メートル

第２　預貯金

○○銀行○○支店
普通預金
口座番号　○○○○○○

鈴木太郎㊞

署名以外はパソコンで作成してもよい

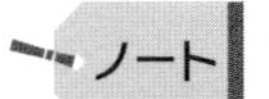

法務局では自筆証書遺言の形式的なチェックがしてもらえるので、その点でのミスがなくなります。また、死後、家庭裁判所での検認の手続きが不要になります。

公正証書遺言について

チェックポイント

□ 内容を口述し、公証人に遺言書を作成してもらう。

□ 費用はかかるが、遺言を残す最も安全で確実な方法。

公証人が遺言書を作成してくれる

公正証書遺言は、公証人によって作成された遺言書のことです。**公証人に内容を口述すれば、それを公証人がまとめて、遺言書にしてくれます**。

遺言者は文章を書かなくてよいだけでなく、自筆証書遺言のように、内容の不備や形式のミスを気にする必要もありません。

また、遺言の内容について悩んでいる場合でも、公証人に相談し、アドバイスを受けながら作成ができます。

遺言を残す最も安全で確実な方法

公正証書遺言の作成は、公証役場に出向いて行います。公証人のいる公証役場は全国にあり、病気などで公証役場に行けない場合は、自宅や病院まで公証人が出張してくれます。遺言者が署名できないような状況でも、公証人が署名を代筆できます。

遺言者の印鑑登録証明書や、相続人との関係がわかる戸籍謄本、不動産の登記簿謄本など、必要となる書類がありますので、事前に公証人に確認しておきましょう。

公正証書遺言が認められるには2人の証人が必要です。証人が見つからないときは、公証役場に紹介してもらうことができます。

公正証書遺言は原本、正本、謄本の3通が作成され、原本は公証役場に無料で保管してもらえます。これによって紛失や改竄(ざん)などのリスクがなくなります。

自筆証書遺言は、原則として遺言者の死後に家庭裁判所が検認を行いますが、公正証書遺言ではその手続きは不要です。

費用はかかりますが、公正証書遺言は最も安全で確実な方法といえるでしょう。

大切なアドバイス 公正証書遺言の証人の条件

公正証書遺言の作成には２人の証人が必要です。公証人による遺言書の内容の読み聞かせを受けて、証人は遺言書の原本に署名・押印をします。

その２人の証人は、誰でもいい、というわけではありません。未成年者、相続についての利害関係がある人、公証役場の関係者は証人になることができません。遺言者が証人を探す場合、家族、親族など利害関係がある人は証人になれないので注意しましょう。

なお、秘密証書遺言、危急時遺言を作成するときの証人の条件も同じです。

公正証書遺言作成の手数料

目的の価額	手数料
100 万円以下	5,000 円
100 万円を超え 200 万円以下	7,000 円
200 万円を超え 500 万円以下	11,000 円
500 万円を超え 1,000 万円以下	17,000 円
1,000 万円を超え 3,000 万円以下	23,000 円
3,000 万円を超え 5,000 万円以下	29,000 円
5,000 万円を超え 1 億円以下	43,000 円
1 億円を超え 3 億円以下	4 万 3,000 円に 5,000 万円を超過するごとに 1 万 3,000 円を加算
3 億円を超え 10 億円以下	9 万 5,000 円に 5,000 万円を超過するごとに 1 万 1,000 円を加算
10 億円を超える場合	24 万 9,000 円に 5,000 万円を超過するごとに 8,000 円を加算

※財産の相続または遺贈を受ける人ごとに、取得する財産額を上の表に当てはめて手数料を求め、それを合算して全体の基本手数料を算出する

※全体の財産が1億円以下のときは1万1,000円が加算される

※公証人が、病院や自宅などに出向いて公正証書を作成する場合、基本手数料が50%加算されるほか、公証人の日当と交通費がかかる

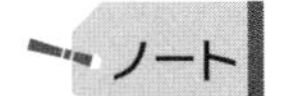

公証人は、30 年以上の実務経験がある裁判官、検察官、弁護士などの法律の専門家の中から、法務大臣が任命する公務員で、全国に 500 名ほどいます。

遺言書が見つかったら

チェックポイント

- □ 遺言書が見つかったら、まずは遺言の形式を確認する。
- □ 検認が必要なものは、開封せずに家庭裁判所で手続きを行う。

遺言書の有無を調べる

遺産相続で、最も重要視されるのが遺言書です。遺言書の有無が不明な場合は調査が必要です。

公正証書遺言と秘密証書遺言の場合は、公証役場で検索をすることができます。

自筆証書遺言は法務局に保管されている可能性があるので、まずは法務局で検索を行いましょう。法務局にない場合は、故人の自宅や部屋を探すしかありません。金庫や銀行の貸金庫があれば、そこも調べましょう。

遺言の種類を確認する

被相続人の遺言書が見つかったら、まずは遺言書の種類を確認します。

法務局で保管されていなかった自筆証書遺言と、秘密証書遺言の場合は、家庭裁判所での検認が必要になります。法務局で保管されていた自筆証書遺言と、公正証書遺言には、検認は不要です。

封筒に入れて封印してある遺言書は、勝手に開封してはいけません。開封は相続人立ち会いのもと、家庭裁判所で行われます。

遺言に基づいた相続は検認なしにできない

検認が必要な場合は、**「遺言書の検認の申立書」を家庭裁判所に提出します。**

検認の日時は相続人全員に通知されます。その日に相続人全員が集まらなくても、開封・検認の手続きは行われます。検認では、遺言書の状態が調べられ、検認済みの遺言書が返却されます。また、**「検認済証明書」を発行してもらえます。**これを添付した遺言書がないと、遺言に基づいた遺産相続はできません。

大切なアドバイス　検認の意味

家庭裁判所で行われる遺言書の検認とは、遺言書の偽造・変造を防止するための証拠保全手続きです。つまり、相続人立ち会いのもと、遺言書の状態をそこで確認するため、検認を受けて以降に勝手に変更などが加えられるのを防げるということです。

一方で、検認の手続きにおいて、遺言書の内容や有効性について議論することはありません。検認を済ませたことで、その遺言書が法的に有効であるといった「お墨付き」をもらったわけではないので注意しましょう。

遺言書の検認手続きの流れ

検認の申し立て

遺言書を書いた人の住所地（相続開始地）の家庭裁判所に
「遺言書の検認の申立書」を提出する

検認期日の通知

検認の申し立てを受けた家庭裁判所は、
すべての法定相続人に対して、遺言書の検認をする期日の通知を出す。
おおむね申し立てから１カ月後くらいが期日の目安。
立ち会うかどうかは相続人本人の意思で決められる

検認期日

家庭裁判所に集まった相続人立ち会いのもと、遺言書を開封して状態を確認する。
検認が終わると、検認の結果を記載した「検認調書」が作成される

「検認済証明書」の交付

検認が終わると、遺言書の原本に検認済証明書が添付されたうえで返還される

遺言書の種類を調べる際、公正証書遺言であれば、表紙に「遺言公正証書」と書かれています。

相続人の権利を守る遺留分

チェックポイント

- □ 法定相続人には「遺留分」という最低限の相続の権利がある。
- □ 遺言書の内容によってもくつがえすことはできない。

遺留分は相続人の最低限の相続の権利

遺産相続では、法的に有効な遺言書があると、その内容が最優先となります。

そうなると、遺言者が法定相続人以外の第三者やあるいは特定の相続人だけに、遺産のすべてを与えてしまうケースもありえます。

民法では、法定相続人の権利を守るため、法定相続人が最低限の相続財産を確保できる制度を定めています。この制度が「遺留分」で、**遺言書でもくつがえせない相続人の取り分になります**。

遺留分が認められる相続人の範囲

遺留分が認められているのは被相続人の配偶者、直系卑属（子、孫など）、直系尊属（父母、祖父母など）です。**兄弟姉妹には認められていません**。

遺留分として請求できるのは、配偶者と直系卑属（代襲相続人を含む）が法定相続分の2分の1、直系尊属のみが相続人の場合は法定相続分の3分の1とされています。遺留分の放棄は相続人本人の意思がないとできません。

遺留分が侵害されたら

遺留分を侵害された相続人は、相手に「遺留分侵害額請求」を行えます。請求の意思を示す通知書（遺留分侵害額請求書）を内容証明郵便で相手に送り、当事者間での話し合いを行います。相手が応じない場合は、家庭裁判所で調停を行うか、民事訴訟を提訴します。

請求権の時効は、相続の開始および遺留分の侵害があったと知ってから1年です。また、相続開始のときから10年が経つと請求権は消滅します。

法定相続人の組み合わせと遺留分の割合

配偶者と子

被相続人が遺言で自由にできる割合
配偶者 1/4
子 1/4

※子が複数いる場合などは、それぞれ相続分を均等に人数で割る

配偶者と父母

被相続人が遺言で自由にできる割合
配偶者 1/3
父母 1/6

配偶者のみ

子のみ

子 1/2

父母のみ

父母 1/3
被相続人が遺言で自由にできる割合

遺留分侵害額請求の内容証明の例

令和○年○月○日

東京都渋谷区富ヶ谷３丁目○番地○
鈴木次郎殿 ―①

東京都渋谷区代々木６丁目○番地○
鈴木 愛子 ㊞

通知書 ―②

被相続人鈴木太郎の令和○年○月○日付自筆証書遺言の遺言内容は私の遺留分を侵害しております。よって、私は、貴殿に対し、遺留分侵害額の請求をします。 ―③

以上

①遺留分を侵害している人を特定して記入する

②タイトルは単に「通知書」でも「遺留分侵害額請求書」などでもよい

③財産を明示せず、遺留分侵害請求の意思表示のみでも有効。期限内に権利行使することが最も重要

ノート 2019（令和元）年７月から、遺留分の侵害額は金銭での支払いが原則になりました。金銭をすぐに準備できない場合は支払い期限の猶予を求めることができます。

遺産分割協議と遺産分割の方法

チェックポイント
- □遺言書がない場合は、相続人全員で遺産分割について話し合う。
- □遺産分割について全員が合意したら、遺産分割協議書を作成する。

遺産分割協議には相続人の全員が参加

被相続人が遺言書を残さなかった場合、相続人全員で話し合って遺産の分け方を決めます。これを遺産分割協議といいます。

遺産分割協議は相続人全員の参加が原則ですが、一堂に会する必要はありません。電話やメールなどを使って意見を交わしても問題ありません。

参加していない相続人がいると、遺産分割協議は成立しません。協議を始める前に被相続人の戸籍などから、すべての相続人を確認しておきましょう。

なお、裁判上の相続放棄をした相続人は遺産分割協議に参加できません。

相続人に未成年者などがいる場合

相続人の中に未成年者がいる場合は、代理人を立てる必要があります。通常は親権者が代理人になりますが、親権者も法定相続人であると利益相反が生じますので、その場合は代理人になれません。このような場合は、家庭裁判所に特別代理人を選任してもらいます。特別代理人は相続と関係のない親族や弁護士などが選ばれます。

また、**認知症などで判断能力が不十分な相続人がいる場合は、成年後見人制度を利用することができます。**これも家庭裁判所に申し立てれば、成年後見人が選任されます。

相続人の中に行方不明者や音信不通の人がいる場合、まずは戸籍謄本やその附票で現在の住所を調べます。それでも連絡がとれない場合は、家庭裁判所で不在者財産管理人を選出します。

生死が不明な相続人がいる場合は、失踪宣言の申し立てをすることもあります。

遺産分割の方法

遺産分割協議では、相続人全員の合意があれば、法定相続分に従う必要はありません。

具体的な分割方法としては、次のようなものがあります。

①現物分割

それぞれの遺産をそのままの形で分割する方法です。

例えば、土地と建物は配偶者、預貯金は長男、株式は長女が相続する、といったかたちです。相続が名義変更だけで済むなど、手続きが簡単でわかりやすい方法なので、よく利用されています。

ただし、相続人の間で遺産を公平に分割するのは難しく、その場合は預貯金などで調整する必要があります。

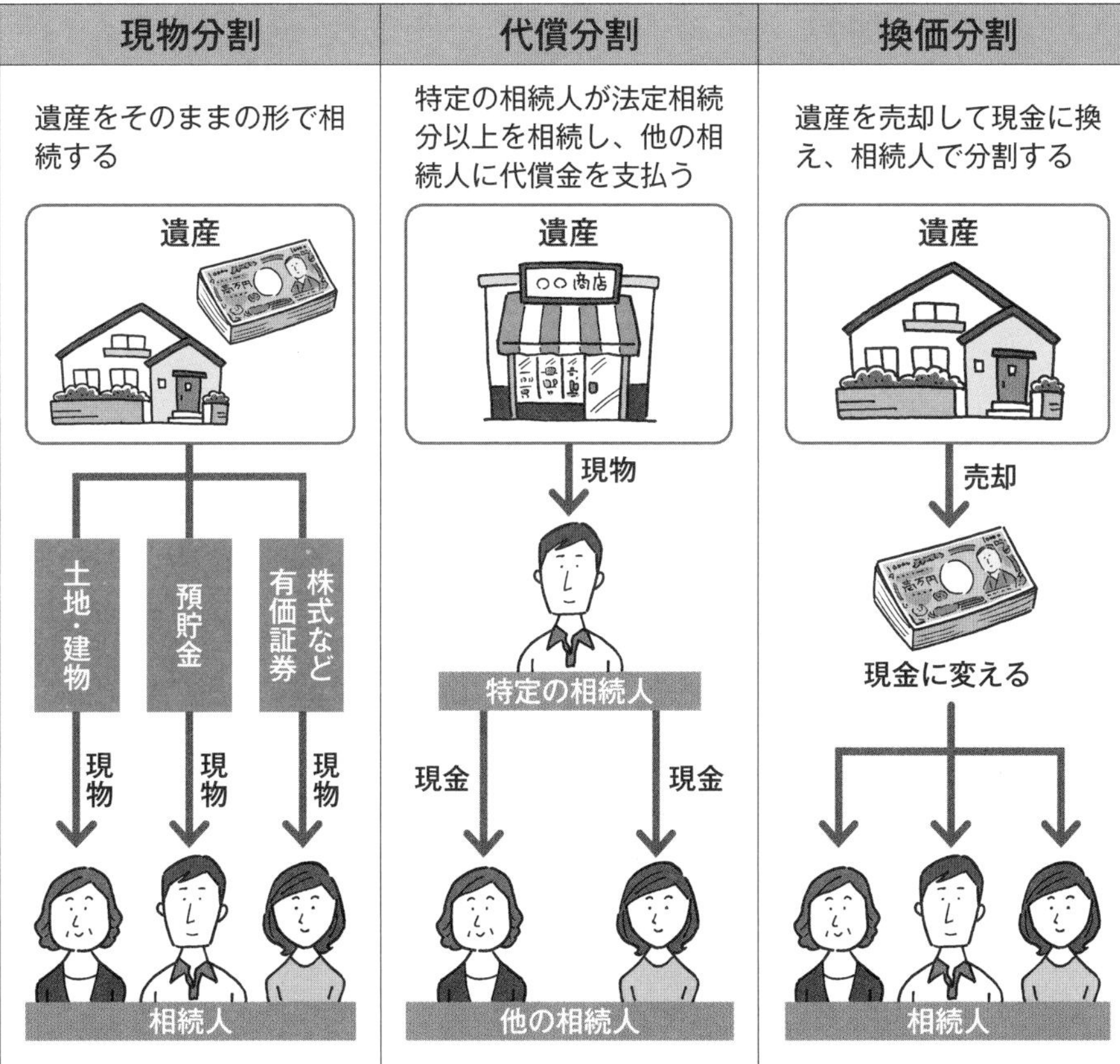

ノート
遺産分割に期限はありません。しかし、相続税の申告期限が相続開始から10カ月以内なので、それまでに終わらせるのがよいでしょう。

②代償分割

法定相続分以上の遺産を受け継いだときに、超過した分を代償金として、その他の相続人に支払う方法です。

例えば、3000万円の不動産を長男が、1000万円の預貯金を次男が相続した場合、長男が1000万円を次男に支払います。

代償分割では、公平な分割が可能ですが、代償金を支払う相続人が現金をもっていることが条件となります。

③換価分割

遺産を売却して現金に換え、その代金を相続人の間で分割する方法です。

これは、親が住んでいた不動産を売却して現金化し、その代金を子供たちで分けるといったかたちになります。

換価分割では、相続人の間での公平な分割ができ、資金がなくても行うことができます。

しかし、不動産などの財産を手放さなければいけないことや、財産の売却に時間や費用がかかることがデメリットとされます。

なお、相続財産の一部、もしくは全部を複数の相続人で共有する、共有分割という方法もありますが、利用の自由度が下がる、相続が進むにつれて共有者が増えるなどのデメリットがあり、あまり用いられません。

遺産分割協議書を作成する

遺産分割協議がまとまったら、協議の結果を証拠として書類に残します。この書類が遺産分割協議書になります。

遺産分割協議書の作成は義務ではありませんが、協議の後でもめないためにも、作成しておいたほうがよいでしょう。また、不動産の名義の書き換えや、預貯金の口座解約・名義変更、相続税の申告などといった各方面の相続手続きで必要になります。

遺産分割協議書に決まった形式はなく、手書きでもパソコンなどで作成してもかまいません。

ただし、誰が何をどれだけ相続するかを、可能なかぎり具体的に記しましょう。例えば、不動産については登記簿を見ながら、正確な情報を記載します。

遺産分割協議書は、相続人の数だけ作成し、それぞれに実印で押印し、印鑑証明書を添付して保管しましょう。

遺産分割協議書の作成例

遺産分割協議書

被相続人　鈴木太郎（昭和○○年○○月○○日生まれ）
死亡日　令和○年○○月○○日
本籍地　東京都渋谷区富ヶ谷３丁目○番地○
最終の住所地　東京都渋谷区富ヶ谷３丁目○番地○

被相続人についての情報を記載する

上記の者の相続人全員は、被相続人の遺産相続につき、遺産分割協議を行い、本日、下記のとおりに分割することに同意した。

1. 相続人鈴木次郎は、以下の遺産を取得する
（1）土地
　所在　東京都渋谷区富ヶ谷３丁目
　地番　○番○
　地積　○○平方メートル
（2）建物
　所在　東京都渋谷区富ヶ谷３丁目○番地○
　家屋番号　○番○
　種類　居宅
　構造　木造瓦葺２階建
　床面積　１階　○○平方メートル
　　　　　２階　○○平方メートル

土地や建物などの不動産は、登記事項証明書（登記簿謄本）に記載されているとおりに、正確に記載する

2. 相続人鈴木愛子は、以下の遺産を取得する
（1）預貯金
　○○銀行○○支店
　普通預金
　口座番号　○○○○○○

3. 本遺産分割協議書に記載のない遺産及び本遺産分割の後に判明した遺産（負債も含む）については、相続人鈴木愛子がすべて相続する。

万が一、後日新たな遺産が判明した場合に備えて、こうした文言を入れておくと、トラブルを避けられる

以上のとおり、相続人全員による遺産分割協議が成立したので、本協議書を２通作成し、署名押印のうえ、各自１通ずつ所持する。

令和○○年○月○日

住所　東京都渋谷区富ヶ谷３丁目○番地○
相続人　鈴木次郎㊞

住所　東京都渋谷区代々木６丁目○番地○
相続人　鈴木愛子㊞

相続人全員の署名と実印の押印が必要

たとえ遺言書があったとしても、相続人と遺言によって遺産を受け取る人全員の合意があれば、遺言書の内容に従う必要はありません。

特別受益と特別寄与について

チェックポイント

- □ 特別受益や特別寄与といった制度を利用し、不公平感を少なくする。
- □ 相続人以外でも、被相続人への貢献を認められる。

生前贈与や遺贈（いぞう）を受けた相続人がいた場合

一部の相続人が、被相続人から生前贈与や遺贈というかたちで特別な利益を受けていた場合、その利益を「特別受益」、その相続人を「特別受益者」といいます。

相続人の中に特別受益者がいた場合、相続財産を前渡ししたとみなします。**各相続人の相続分は、特別受益分を相続財産に組み入れて（持ち戻して）算定します。**

ただし、相続人全員が特別受益分を考慮に入れないことで合意した場合や、遺言書で特別受益分の持ち戻しを免除すると記載されていた場合を除きます。

特別受益にあたるものは、遺贈、事業の開業資金や住宅購入の援助、結婚や養子縁組などでの援助、学費、生活費の援助などです。

被相続人を助けた相続人の「寄与分」

被相続人の事業を手助けしたり、身のまわりの世話をしたりして、被相続人の財産の維持・増加に特別な貢献をした相続人のことを「特別寄与者」といいます。

特別寄与者は、その貢献に応じて、相続の割合を増やすことが認められています。この貢献分の財産を「寄与分」といい、特別寄与者の相続分に加算されます。

相続人の間で合意があれば、寄与分は認められますが、話し合いがまとまらなければ家庭裁判所での調停や審判にもち込まれます。

相続人でなくても特別寄与料を請求できる

寄与分が認められているのは法定相続人にだけですが、２０１９（令和元）年7月から、「特別寄与料」の制度が始まりました。これにより、相続人以外の親族も寄与分に相当する特別寄与料を請求できます。

特別寄与料が認められるのは次の３つの要件を満たしている場合です。

①相続人以外の親族である

②被相続人に対して無償で療養看護や労務などを提供した

③それにより、被相続人の財産が維持もしくは増加した

例えば、夫を亡くした妻が、夫の母を長年介護していた場合などがこれにあたります。

夫の母が亡くなっても、夫の妻は法定相続人にはなれず、遺産分割協議にも加われません。夫の妻が不公平だと感じた場合は、相続人に対し、特別寄与料を請求できます。相続人が遺産分割協議で特別寄与料を認めなければ、家庭裁判所に申し出ることができます。

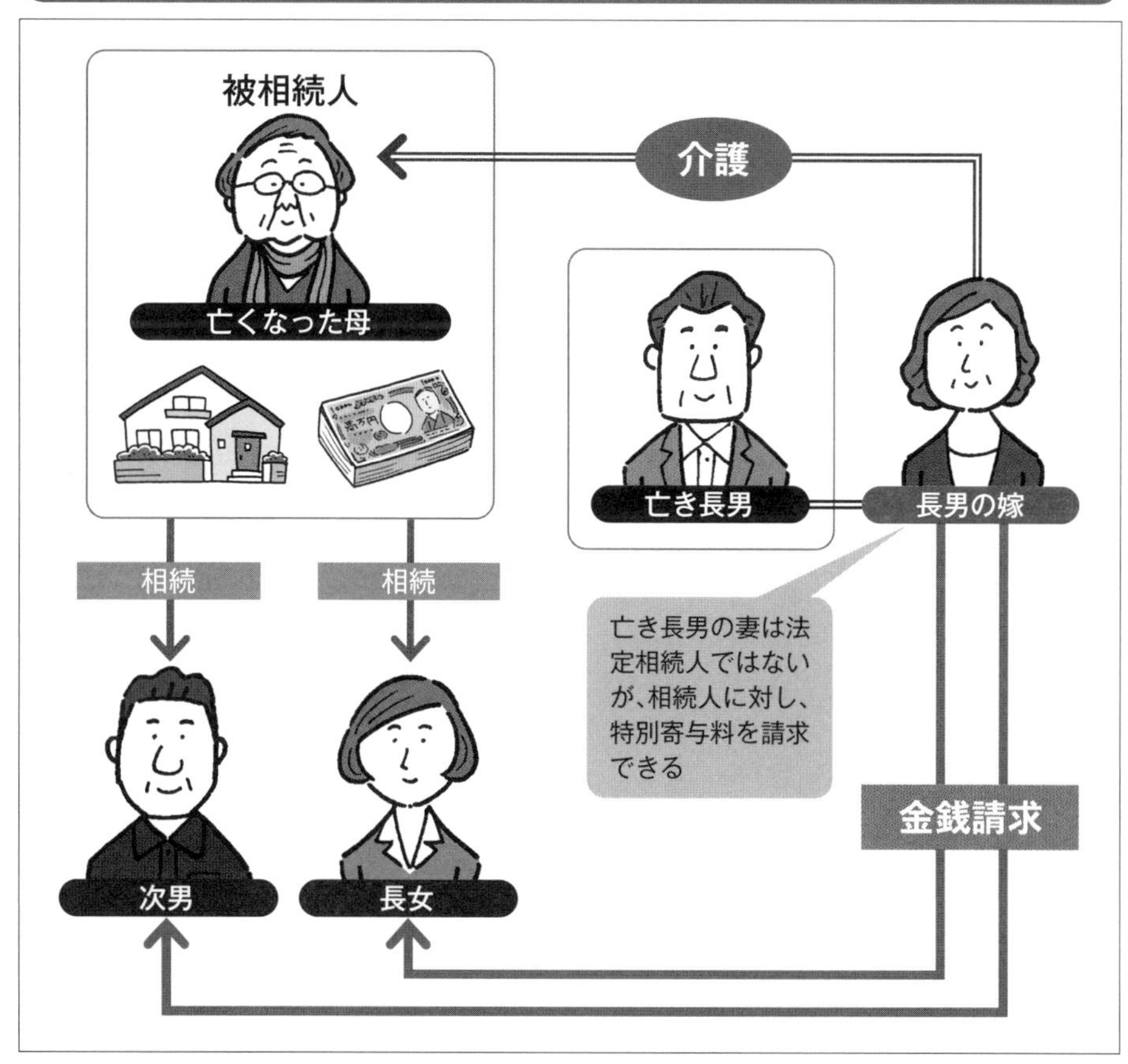

ノート　特別寄与料の請求期限は、相続の開始および相続人を知ったときから６カ月、もしくは相続の開始から１年とされます。

16

遺産分割協議が不成立になったら

チェックポイント

□ **遺産分割協議は相続人全員の合意がなければ不成立となる。**
□ **協議が成立しない場合、調停や審判という法的手段に頼ることになる。**

協議がまとまらなければ調停での解決を目指す

遺産分割協議では、相続人全員の合意が原則とされます。1人でも結果に同意しない相続人がいると、協議は成立しません。話し合いがまとまらず、解決が難しい場合は、家庭裁判所に遺産分割の調停を申し立てることができます。

調停では、最終的に相続人全員の同意を得る必要があります。そのため、**申し立てをする相続人は、自分以外の相続人全員を相手方とすることになります。**

遺産分割調停の申し立てをするには、相手方の1人の住所地、または当事者の全員が合意した家庭裁判所に「遺産分割調停申立書」を提出します。

調停での話し合いの流れ

申し立てを行うと、約1カ月後に最初の調停が開かれます。調停は平日に行われ、1回2時間程度になります。

調停では、1名の裁判官（または家事調停官）と2名以上の調停委員などによって構成される調停委員会が、中立の立場から、各相続人の意見や希望を聞きます。

相続人はそれぞれ異なる待合室で待機し、調停委員に呼ばれたら調停室に入室して意見などを伝えます。そのため、**もめている相手方と直接話すということはありません。**

そのうえで、調停委員会は当事者同士の意見を調整し、解決策を提示することもあります。ただし、その解決策に不満があれば、従う必要はありません。

調停に必要な資料（固定資産税評価証明書、不動産登記事項証明書、預貯金通帳の写しなど）は、相続人が集めて裁判所に提出する必要があります。

家庭裁判所による調停・審判の流れ

遺産分割協議が不成立

遺産分割協議がまとまらない、相続人の１人が話し合いに参加しない、など

遺産分割の調停の申し立て

相手方の１人の住所地、または当事者の全員が合意した家庭裁判所に「遺産分割調停申立書」を提出する

家庭裁判所での調停

調停委員会が中立的な立場で話を進めていく。
公開されない部屋（調停室）で行われ、秘密が第三者に漏れることはない

調停不成立

調停で話し合いが合意に至らなかった場合は、審判手続きに移行する（審判の申し立ては不要）

調停成立

合意に基づき作成される調停調書を使って、その内容どおりに各種相続手続きを行うことになる

家庭裁判所での審判

法律に従い、裁判所が遺産分割について審判を行う

審判確定

裁判所による「審判」には強制力があるので、当事者は必ず守らなければならない

不服の申し立て

審判に不服の場合は、２週間以内に即時抗告の申し立てを行うことができる

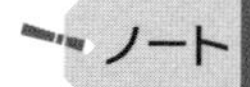

家事調停官は５年以上の経験をもつ弁護士の中から任命され、裁判官と同等の権限で調停手続きを取り扱います。

不動産や非公開株式など遺産の評価について意見が一致しない場合は、鑑定が行われます。鑑定費用は原則として、相続分の割合で全員が負担します。

また、特別受益分や寄与分を評価し、法定相続分を修正することもあります。これらについて主張する相続人は、資料などを提出して立証する必要があります。

自分の主張を受け入れてもらうのが難しそうな場合には、それなりの費用はかかりますが、弁護士に依頼するのもよいでしょう。弁護士は必要書類を漏れなくそろえて、調停委員に対して法的な根拠に基づいた主張をしてくれます。

実際、遺産分割調停では、当事者の多くが弁護士を選任して代理人としています。

調停にはできるだけ出席する

調停はおおよそ1カ月に1回の割合で行われます。

期間や回数には制限がありませんので、相続人全員が合意に至るまで、早くて3カ月、長ければ2年ほどかかるケースもあります。

遺産分割調停は、必ずしも出席しないといけないわけではありません。欠席者がいても調停は開かれ、調停委員は、出席している当事者だけから話を聞くことになります。途中の話し合いの段階では、必ずしも全員が関わらなくてもよいからです。

だからといって、欠席ばかりしていては、自分の主張内容を聞いてもらえなくなります。遺産分割調停を有利に進めるためにも、できるだけ都合をつけて参加するようにしましょう。

日程の都合がつかず、出席できない場合は、**家庭裁判所に連絡をして期日の延期をお願いすることもできます**。あるいは、次回の期日について希望日を出すこともできます。

また、調停を行う場所が遠方であったり、高齢であったりして毎回参加するのが難しい場合などでは、弁護士に代理人として出席してもらうこともできますので検討しましょう。

調停で合意に至らなければ審判に移る

中立人と相手方が遺産の分け方について合意したら、調停は成立します。

合意された内容は「調停調書」に記載されます。調停調書には強い法的な効力があるため、調停調書に記載どおりの相続登記や強制執行を行うことができます。

一方、調停で話がまとまらない場合、調停不成立となり、家庭裁判所での遺産分割審判へと移ります。調停不成立とするかどうかは調停委員会が判断します。

審判は解決のための最終手段

遺産分割調停が不成立になると、自動的に遺産分割審判への手続きに移行します。

遺産分割審判は、どうしても相続人同士では解決できない場合の最終手段です。

調停は話し合いの場でしたが、審判はそうではありません。審判では家庭裁判所が、遺産の種類などの証拠調べをし、これまでの話し合いの結果や提出された資料、各相続人の希望などをもとに遺産分割を決定します。

裁判所による審判には強制力がありますので、各相続人は必ず決定に従わなければいけません。

審判による分割方法に、納得できなければ、高等裁判所に即時抗告をして争うこともできます。

大切なアドバイス　遺産分割調停での解決を目指す

遺産分割審判で出される審判には強制力があり、たとえ相続人の意向にそう結果ではなくても、従わなければなりません。

不動産の競売命令を出された場合、当事者は競売による売却を行わなければなりませんが、競売では不動産の価格は実際よりも低くなる傾向にあります。そうなれば、どの相続人にとってもメリットがありません。また、支払いに応じなければ、強制執行による差し押さえなども行われます。

遺産分割審判に進む以前に、調停での解決をできるだけ図りましょう。

金融機関での相続手続き

チェックポイント

- □ 預貯金は相続財産になるので、相続人が決まるまで口座は凍結される。
- □ 被相続人の口座からの引き出しや解約には手続きが必要。

預貯金を遺産として継承する

金融機関の口座名義人が亡くなった時点で、預貯金は相続財産となります。相続を行う際には、払い戻しや解約といった相続手続きを行う必要があります。

被相続人が口座をもっていれば、まずは名義人の死亡手続きをしなければいけません。これを行わないと、預貯金を遺産として継承することができません。口座の名義人が亡くなったら、金融機関にその事実を知らせます。預貯金は相続財産になりますので、相続人が決まるまで口座は凍結されます。ただし、遺産分割前の相続預金の払い戻し制度を利用すれば、一定額を引き出すことができます。

手続きに必要な書類を集める

遺産の分割が決定したら、相続手続きに必要な書類を集めます。金融機関から提出を求められるのは、主に、故人の戸籍謄本、除籍謄本、相続人全員の戸籍謄本または法定相続情報一覧図、相続人全員の印鑑証明書などです。しかし、**必要な書類は遺言書の有無や、遺産分割協議書の有無、家庭裁判所による調停調書の有無によって違います。**事前に金融機関に相談しておきましょう。

金融機関で手続きを行う

必要な書類が集まったら、金融機関で相続手続きを行います。手続きのしかたは各金融機関窓口で説明を受けてください。なお、**ほとんどのケースで相続人全員の署名・捺印を求められます。**

手続きが終了すれば、故人の口座からの払い戻しなどが可能となりますが、手続き終了から日数がかかる場合もあります。

大切なアドバイス　遺産分割前に預貯金を引き出す

2019（令和元）年7月から、亡くなった人の預貯金を遺産分割前でも引き出せる制度が始まりました。口座が凍結され、葬儀代や医療費の支払いに困る人が増えたことがその背景にあります。

払い戻しが可能な範囲は、「口座残高×３分の１×その相続人の法定相続分」で、１つの口座につき上限は150万円です。引き出しをする際には、故人の戸籍謄本、故人の除籍謄本、相続人全員の戸籍謄本、引き出しをする相続人の印鑑証明書が必要になります。

金融機関での相続手続きの流れ

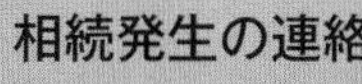

相続発生の連絡

金融機関の窓口に出向くか、電話で連絡。
被相続人の氏名、口座番号等を伝え、手続き方法を確認する。
この時点で、被相続人の口座は凍結（取引制限）される

必要書類の準備

金融機関所定の書類（相続発生の連絡後、郵送してもらえる）への記入。
金融機関が提出を求める書類の取り寄せを行う。
必要な書類は遺言書の有無や、遺産分割協議書の有無、
家庭裁判所による調停調書の有無によって異なる

書類の提出・金融機関による審査

支店窓口に持参するケースが多い。不備があれば後日連絡がある。
審査には、たいていの金融機関で２週間程度はかかるとしている

払い戻し等の手続き

多くの場合、故人の預貯金を解約して払い戻しを受けてから、
相続人の口座に預け入れる（振り込む）ことになる。
預貯金の名義変更を行う場合もある

ノート　相続発生の連絡を入れるとき、金融機関に「残高証明書」の発行を依頼してもよいでしょう。相続財産の漏れを防ぎ、遺産分割協議を確実に行うのにも役立ちます。

18 不動産などの名義変更手続き

チェックポイント

- □不動産など、相続した財産には名義変更の手続きが必要となる。
- □各種手続きはできるだけ早く行う。

相続登記はできるだけ早めに行う

遺産分割により、土地や建物を相続することになったら、相続登記（所有権移転登記）が必要になります。法的な期限はありませんが、登記が終了しないと、その不動産を売却したり、担保に入れたりすることはできません。

また、長期間登記をしないままにしておくと、被相続人の住民票の除票などといった相続登記に必要な書類が取得できなくなる可能性があります。さらに、他の相続人が亡くなって次の相続が発生すると、権利関係が複雑になるなどの問題も起こります。ですから、できるだけ早めの名義変更を心がけましょう。

相続登記は司法書士に依頼することもできる

相続登記は、その不動産を管轄する法務局で申請を行います。申請には多くの書類が必要です。相続が遺言書によるものか、遺産分割協議によるものかで、提出する書類も異なります。事前に法務局に問い合わせましょう。

例えば、遺産分割協議によって相続を行った場合は、所有権移転登記申請書、遺産分割協議書、相続人全員の戸籍謄本と印鑑証明書、被相続人の出生から死亡までの戸籍謄本と住民票の除票、不動産を相続する相続人の住民票、固定資産評価証明書などが必要になります。

法務局でも相談に乗ってくれますが、**必要な書類に不安がある場合は、司法書士に依頼するのが確実です。**

株式や投資信託の名義変更

被相続人が株式を所有していた場合、取引をしていた証券会社がわかれば、「取引残高報告書」を取得することで所有株式の内容が確認できます。

株式の名義変更は、上場株式であれば各証券会社や各信託銀行で行えます。金融機関での相続手続き同様、遺言書の有無、遺産分割協議書の有無、家庭裁判所による調停調書の有無によって必要になる書類が違いますので、各証券会社や信託銀行に相談しましょう。

相続手続きでは、相続人名義の口座を作成し、被相続人名義の口座からの移管を行います。

非上場株式の場合、株式発行会社に直接問い合わせる必要があります。

自動車の相続手続き

遺産相続で被相続人名義の自動車を相続した場合も、名義の変更を行います。自動車を売却したり、廃車にする場合も、いったんは相続人への名義変更が必要となります。

自動車の名義変更手続きは、住所を管轄する運輸支局で行います。手続きには自動車検査章や自動車保管場所証明書、被相続人と相続人の戸籍謄本などが必要です。

相続財産と必要な相続手続き

相続財産	必要な手続き	窓口
預貯金	口座の解約など	各金融機関
不動産	名義の変更など	法務局
株式・投資信託	相続人の口座への移管など	各証券会社、各信託銀行
自動車	名義の変更	運輸支局
借地権・借家権	名義の変更	貸主

ノート
軽自動車やバイクを相続する際も名義の変更が必要です。自転車を相続した場合は、防犯登録の名義を変更しましょう。

事業を引き継ぐ手続き

チェックポイント

- □ 故人が個人事業主だった場合、事業用の資産も相続財産になる。
- □ 事業を引き継ぐ場合も、廃業にする場合も手続きが必要。

会社組織か個人事業かで手続きが違う

故人が会社経営者や自営業者であった場合、相続人が事業を引き継ぐケースは少なくありません。

故人の事業が会社組織（法人）であるか、個人事業かで、相続の範囲や手続きは変わってきます。

会社を相続する場合は、株式や出資の名義変更が必要です。

個人事業の場合、事業用の資産も相続財産として扱われます。事業を行うための不動産や預貯金、負債などもすべてが相続財産として遺産分割協議にかけられますので、事業を相続する場合は、事業用の遺産を事業継承者がまとめて相続するのが望ましいでしょう。

事業の継承には多くの手続きが必要になります。不安がある場合は、税理士や弁護士といった専門家に依頼するのが現実的です。

事業を引き継ぐときも廃業届が必要

個人事業の場合、相続人が故人から事業を引き継ぐときは、まずは廃業届（「個人事業の開業・廃業等届出書」）を税務署へ提出します。これは、相続の開始を知った日から1カ月以内に行います。

廃業届の提出は、事業を引き継がずに廃業とする場合だけでなく、引き継ぐ場合でも、必ず提出しなければなりません。

また、**それまで青色申告をしていたときは、廃業届と一緒に「青色申告の取りやめ届出書」を税務署に提出します。消費税の課税事業者であった場合は、「事業廃止届出書」も加えて提出します。**

相続人が開業届を提出する

事業を引き継ぐ場合、相続人は新しく開業届（「個人事業の開業・廃業等届出書」）を事業所を所轄する税務署に提出する必要があります。これは事業開始から1カ月以内に行います。

また、**事業で青色申告を行う場合は、「青色申告承認申請書」の提出が必要になります**。被相続人が青色申告をしていた場合、青色申告承認申請書を提出することによって各種特例を引き続き使用することができます。

青色申告承認申請の手続きの期限は、被相続人が白色申告をしていたか、青色申告をしていたか、また被相続人の死亡日によって異なります。被相続人が白色申告をしていた場合は、事業開始から2カ月以内が期限となります。被相続人が青色申告をしていた場合は、おおむね2～4カ月以内です。

行政機関からの許認可を再申請する

飲食業や旅館業など、被相続人が事業を行うために警察署や保健所、各自治体などから許認可を受けていた場合、相続では許認可は引き継がれません。相続人は、改めて各行政機関に許認可を申請する必要があります。手続きに時間がかかるケースもありますので、早めの対応を心がけましょう。

青色申告承認申請書の提出期限 ※相続による事業承継の場合

区分	提出期限
被相続人が白色申告者の場合 （その年の1月16日以後に業務を承継した場合）	業務を承継した日から2カ月以内
被相続人が青色申告者の場合 （死亡の日がその年の1月1日から8月31日）	死亡の日から4カ月以内
被相続人が青色申告者の場合 （死亡の日がその年の9月1日から10月31日）	その年の12月31日
被相続人が青色申告者の場合 （死亡の日がその年の11月1日から12月31日）	翌年の2月15日

ノート　個人事業の屋号を引き継ぐ場合、屋号が商号登記されていたら、法務局で名義を変更する必要があります。

相続税の対象と評価方法

チェックポイント
□相続税の対象となる財産とそうでない財産とをまず区別しよう。
□土地や家屋、株式には相続税評価の方法がある。

相続時に課税対象となる財産

相続が決定したら、相続税の手続きに移ります。まずは相続税の対象となる財産を区別し、財産にどれくらいの価値があるかを算出しなくてはいけません。

相続税の課税対象となる主な財産は次の通りです。

①相続や遺贈（いぞう）によって取得した財産

被相続人が所有していた預貯金、有価証券、土地、家屋、貴金属、家具など「本来の相続財産」を指します。

②みなし相続財産

生命保険金や死亡退職金など、民法上の相続財産ではないが、相続税の課税対象となるものです。

③生前贈与財産

相続開始前3年以内に暦年課税により生前贈与された財産と、「相続時精算課税適用財産」がこれにあたります。

相続時に課税対象とならない財産

相続税の課税対象とならないものには次のものがあります。

①墓地、仏壇などの祭祀（さいし）財産

②宗教、慈善事業、学術など公益を目的とする事業に供したもの

③心身障害者共済制度に基づく給付金

④国、地方公共団体、公益法人、NPO団体などへの寄付

⑤生命保険金、死亡退職金の非課税限度額（法定相続人1人あたり500万円）

土地・家屋や株式の評価方法

土地の相続税評価方法は、路線価方式（路線価×土地の面積）と、倍率方式（固定資産税評価額×倍率）の2つがあり、路線価（土地が面した道路の価値）が定められている地域では路線価方式を使います。家屋の場合は、固定資産税評価額がそのまま相続税評価額になります。

上場株式の相続税評価額は、次の4つのうち、最も低い金額になります。

①相続が発生した日の最終価格
②相続が発生した月の最終価格の平均額
③相続が発生した前月の最終価格の平均額
④相続が発生した前々月の最終価格の平均額

亡くなった日時点での「残高証明書」を証券会社に発行してもらうと、4つの最終価格を確認できます。

非上場株式の場合は計算が複雑になりますので、税理士など専門家に相談しましょう。

相続税がかかる財産・かからない財産の例

相続税がかかる財産	相続や遺贈によって取得した財産	被相続人が所有していた預貯金、有価証券、土地、家屋、貴金属、家具、さらに特許権や著作権など
	みなし相続財産	被相続人の死亡により支払われる生命保険の死亡保険金や死亡退職金、生命保険契約に関する権利
	生前贈与財産	相続開始前3年以内に暦年課税により生前贈与された財産と相続時精算課税の適用を受ける贈与財産
相続税がかからない財産	祭祀財産	墓地や墓石、仏壇、仏具など
	寄付金	宗教、慈善、学術その他公益を目的とする事業に供されている財産
	生命保険金、死亡退職金	相続人が受け取った金額のうち「500万円×法定相続人の数」までは非課税
控除	債務	未払いの税金、借入金など
	葬儀費用	通夜や葬儀にかかった費用、葬儀社への支払いなど

土地評価の倍率方式で使われる倍率は、地域ごとに定められています。国税庁のホームページに掲載されている評価倍率表で確認することができます。

相続税を計算する

チェックポイント
- □相続財産の評価が決まったら、課税価格を計算する。
- □課税価格の合計が基礎控除を下回る場合、相続税は発生しない。

課税価格を計算する

相続税を計算する際には、まず法定相続人ごとの課税価格を算出します。課税価格とは、相続財産とみなし相続財産、生前贈与財産を足した額から、債務や葬儀費用、非課税財産を引いたものです。

各相続人の課税価格を合計し、基礎控除額を差し引いたものが、課税遺産総額になります。**相続税における基礎控除額は、３０００万円＋（６００万×法定相続人の数）です。**例えば、相続人が1人なら３６００万円が、2人なら４２００万円が基礎控除額となり、相続財産がこの額を超えなければ、相続税は発生しません。

なお、相続放棄をした人がいた場合でも、法定相続人の数は相続放棄をする前の人数で計算します。

相続税を計算する

課税遺産総額が出たら、それを法定相続分に応じて分け、各相続人の相続分を算出します。

そこで出た金額に相続税の税率をかけて、税額を出します。次に各相続人の税額を合計します。これを「相続税の総額」といいます。

相続税の総額を、各相続人の課税価格の比率で按分したものが各相続人の相続税額となります。

配偶者には特別な減税措置がある

相続税では、配偶者に対しては「配偶者の税額軽減」という特別な減税措置が設けられています。これは、取得財産の課税価格が1億６０００万円までか、法定相続分以下であった場合は相続税がかからないとするものです。

この特例を利用する場合は、相続税がかからなくても、税務署で申告する必要があります。

相続税の計算の手順

①財産を相続した相続人ごとに課税価格を算出する

各相続人の課税価格 ＝

相続財産 ＋ みなし相続財産 ＋ 生前贈与財産 － 債務・葬儀費用

②課税される財産の総額を出す

課税遺産総額（相続税がかかる金額） ＝ 各相続人の課税価格の合計額 － 基礎控除額（3,000万円＋（600万円×法定相続人の数））

③相続税の総額を出す

各相続人の相続分に税率（※速算表を参照）をかけ、税額を合計する

④各相続人の相続税額を出す

相続税の総額を、各人の課税価格の比率で按分する

⑤各相続人の納税額を出す

各種控除を差し引いて実際の納税額を算出する

●相続税の速算表

法定相続分に応じた課税遺産総額	税率	控除額
1,000万円以下	10%	―
3,000万円以下	15%	50万円
5,000万円以下	20%	200万円
1億円以下	30%	700万円
2億円以下	40%	1,700万円
3億円以下	45%	2,700万円
6億円以下	50%	4,200万円
6億円超	55%	7,200万円

ノート　相続税の控除には、贈与税額控除や配偶者の税額軽減、未成年者の税額控除、障害者の税額控除などがあります。

相続税の申告・納付を行う

チェックポイント

□ 相続税の申告、納付には期限があり、守らないと罰則がある。
□ 現金での一括納付が原則だが、分割払いも可能。

相続税の申告での基本的な決まり

相続税の申告・納付は、相続を知った日（通常は被相続人の死亡日）の翌日から10カ月以内に行わなければなりません。 相続税申告書の遅れと納付の遅れには、それぞれに罰則があります。

相続税の申告・納付先は、被相続人の死亡時の住所地を管轄する税務署です。 相続人の住所地の税務署ではないので注意が必要です。

申告書は所定の用紙がありますので、税務署に行って取得しましょう。国税庁のホームページからもダウンロードできます。

10カ月の期限までに遺産分割協議がまとまらない場合には、いったん法定相続分で相続したかたちで計算をして申告・納付を行います。遺産分割の終了後、修正申告・納税などを行えます。

簡単ではない相続税申告書の作成

相続税申告書は第1表から15表まであり、相続財産の種類や適用する控除によって準備すべき用紙が異なります。用意するべき書類も多く、知識のない相続人がミスなく記載するのはハードルが高いといえます。税理士などの専門家に依頼するのが確実です。

相続税は、一通の申告書にすべての相続人が連名で申告する方法が一般的ですが、各相続人がそれぞれ作成して提出することもできます。

一括納付できないときは分割払いもできる

相続税の納付は、期限内に現金での一括納付が原則となっています。 期限を過ぎると延滞税が発生します。

納付先は税務署だけでなく、銀行や信用金庫など、ほぼすべての金融機関でも可能ですし、納税額が１０００万円未満であればインターネットを利用したクレジットカード決済でも支払うことができます。また、納付額が30万円以内であれば、コンビニでも納付することができます。

相続税は原則として現金一括納付のため、相続財産に預貯金が少なかった場合などで、現金が期限内に用意できないこともあります。その場合、一定の条件を満たしていれば、**納付を年払いの分割にできる「延納」の制度があります。**延納が認められる期間は最大で20年で、延納期間中は利子税がかかります。**延納も困難な場合は、例外的に「物納」も認められます。**

延納も物納も、納付期限までに申請書を税務署に提出する必要があります。

「延納」と「物納」の条件

延納が認められる条件	**①相続税の納付期限までに必要書類を提出すること** 「相続税延納申請書」 「金銭納付を困難とする理由書」 ※前年の確定申告書や源泉徴収票などを添付する 「担保目録及び担保提供書」 **②税額が 10万円を超えていること** **③現金で 1度に納めるのが困難な理由があること** **④担保として認められた財産を提供すること** 「国債、地方債、社債」などの有価証券や「土地」「建物」「登記船舶」といった不動産価値のあるもの ※ただし、延納する税額が 100 万円以下でかつ、延納期間が 3 年以下の場合、担保は不要となる
物納が認められる条件	**①延納によっても金銭で納付することが困難であること** **②物納する財産が国内にあること** 物納できる財産とその順位：第 1 順位「不動産、船舶、国債、地方債、上場株式等」、第 2 順位「（第 1 順位の財産がない場合に）非上場株式等」、第 3 順位「（第 1 や第 2 順位の財産がない場合に）動産」 **③「管理処分不適格財産」に該当しないこと** 管理処分不適格財産：抵当権や根抵当権など担保の目的となっている財産、権利の帰属について争いのある財産、管理や処分に過大な費用が見込まれる財産など **④相続税の納付期限までに必要書類を提出すること** 「相続税物納申請書」 「金銭納付を困難とする理由書」※前年の確定申告書や源泉徴収票などを添付する 「物納財産目録」

ノート　相続税の申告には、故人の戸籍謄本、相続人全員の戸籍謄本、遺言書または遺産分割協議書の写し、税計算のもとになる明細書や資料など数多くの書類が必要です。

Column

自筆証書遺言の法務局での保管

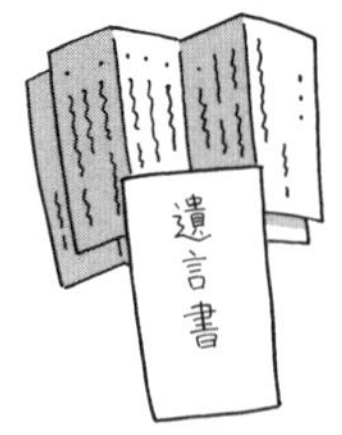

2020（令和２）年７月10日から、自筆証書遺言を法務局で保管できる新制度が始まりました。

自筆証書遺言は手軽に作成でき、費用もかかりません。その一方で、ミスが起きやすいことや、紛失や改竄、遺族に発見されないなどの危険性もあります。法務局に遺言書を預けることによって、紛失や改竄のおそれがなくなります。また、法務局に預ける際には、形式面でのチェックをしてもらえますので、形式の不備による無効化が防げます（ただし遺言の内容についての相談はできません）。自筆証書遺言の使い勝手をよくし、遺族間の紛争を減らすのが制度の目的です。

保管の手続きは、遺言者の住所地、遺言者の本籍地、遺言者が所有している不動産の所在地のいずれかの法務局でできます。代理人による保管申請はできないので、遺言者本人が法務局まで原本を持参します。このとき、遺言書は無封の状態にしておきます。なお、保管後の遺言書の訂正・撤回は可能です。

遺言者の死後、相続人の誰かが法務局に照会した場合、他の相続人に対しても遺言書が保管されていることが通知されます。また、自筆証書遺言は家庭裁判所の検認が必要ですが、法務局に保管されたものについては、検認が不要です。

ただし、遺言者の死後、相続人からの照会がなければ、遺言書の存在は誰にも知られないままになってしまいます。このような事態を防ぐため、法務局で戸籍を担当する部署が遺言者の死亡を確認し、遺言者があらかじめ指定しておいた人に遺言が保管されていることを通知する、という制度の導入も検討されています。

第8章

最期に向けた準備について

終活で何を考え準備するのか

チェックポイント

- □自分が納得できる人生のエンディングを迎えるための準備。
- □財産の整理は残りの人生の資金計画にも役立つ。

終活で残りの人生を豊かにする

「終活」とは、「人生の終わりのための活動」のことです。

一般的には、やがて必ず訪れる死に備え、死後に残された家族などが困らないよう、生前から様々な準備をしておくことと考えられています。

しかし、それ以上に大切なことは、**これまでの人生を振り返るとともに、今を見つめ直し、残りの人生をより豊かなものにしていくことです**。

終活と聞くと、なんとなくネガティブなイメージを抱いてしまいがちですが、今後の自分らしい人生のための計画と、そのエンディングを迎えるための準備というように、ポジティブにとらえたいものです。

終活を始めるならできるだけ早く

いつ頃から終活を始めるかについては、決まったタイミングはありません。人によっては定年退職を迎えたときであったり、子供が独立したときであったりするかもしれません。

いずれにしろ終活では、情報を集めたり、様々な手続きを行ったり、家族や友人と相談したりする必要も出てくるでしょう。これらをこなすには、体力や気力がなければいけません。そのため、できるだけ早い時期からの終活をおすすめします。

始めるのが早ければ早いほど、時間的な余裕が生まれることもメリットです。時間があれば、一度決めたことを、もう一度考え直すこともできます。

人生の特別な節目を待ってでなくともかまいせん。思い立ったときに、軽い気持ちで始めるのもよいでしょう。

身辺整理を行う

終活で行うことの代表としては身のまわりの整理があります。

特に、遺品整理は、残された家族にとって、大変な労力が必要になります。生前から、不要なものはできるだけ処分し、残すものについても、形見分けする相手や、貴重品の売却先など、処分の方法を家族に伝えておきましょう。

パソコンやスマートフォンをもっているなら、それらに保存されているデジタルデータも整理しておきましょう。写真や動画など、家族に残したいデータがあれば、わかりやすくまとめて、どこに保存してあるかを伝えておきます。パスワードが必要なものは、事前にメモを残しておきましょう。

終活の3つの要素

「人生」

過去を振り返り、今を見つめ、
未来を創り出す

終活で考えること

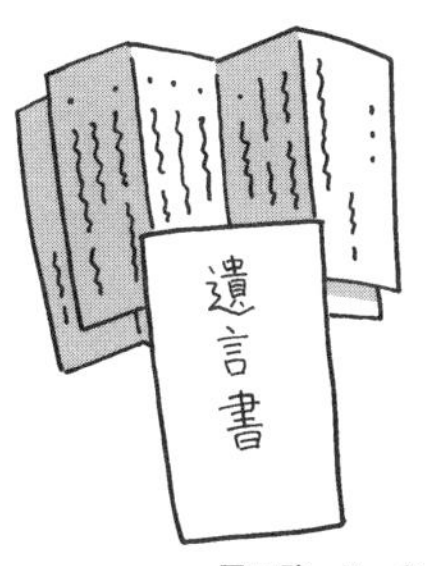

「残すもの」

身辺整理をし、財産については、
何が、どこに、どれだけあるのか
リストアップする。
相続でのトラブルが起こらないよう
遺言書を作成する

「エンディング」

延命治療を受け入れるかどうかの
指示を書き残しておく。
葬儀やお墓についての希望をまとめ、
その準備のために行動する

ノート　終活では市販の「エンディングノート」も役に立ちます。書き残す項目が整理されているので、漏れがなくなりますし、家族などが読んでも理解しやすいでしょう。

財産の整理をする

財産についても、自分がいなくなった後に、何がどこにあるのか家族がわかるようにしておきましょう。**資産をリストアップして、財産目録を作成しておけば、相続の際にも役立ちます**。

まず預貯金については、取引先の金融機関名や、通帳や印鑑の場所、キャッシュカードの暗証番号などを書き出しておきましょう。口座がたくさんある場合は、早めに1つか2つにまとめておくのもよいでしょう。

保険については、自分がどんな保険に入っているか、保険証や保険証書はどこにあるか、保険金の受取人は誰になっているかなどを伝えましょう。

有価証券などをもっていれば、自分の死後、手続きが必要になりますので、取引先の証券会社や信託銀行などの情報を書き出し、証書がどこにあるかなどを伝えておきます。

不動産の名義人や、権利書の場所、貴金属・骨董の価値について、ローンの有無など、財産に関するものはすべて書き残しておきましょう。

とはいえ、資産の状況は年々変わっていきます。余裕があれば、**定期的に見直しや書き直しを行いましょう**。書き直しを行ったときには、その日付を記しておくとよいでしょう。

財産の整理をしておくことは、自分の死後に関わるだけでなく、残りの人生の資金計画を立てることにも役立ちます。

相続の準備をする

死後、相続でのトラブルを防ぐためには、法的に有効な遺言書を残しておくとよいでしょう。

自分には財産が少ないから遺言書など必要ないと考える人もいるでしょうが、少ない財産でも相続争いは起こりえます。

遺言書にはまた、「付言事項」を入れられますので、そこに家族についての思いや感謝、相続についての考えを書いておくこともできます。

万が一のための介護や医療について

将来、突然の事故や病気の進行などで、介護が必要になったり、命に関わる治療法の選択を迫られたりするかもしれません。自分では意思表示すらできず、家族が判断を求められる場合も考えておきましょう。そのとき、家族の助けになるよう、事前に自分の考えや希望を伝えおくことが大切です。

例えば介護についてなら、介護施設へ入居するのか、それとも自宅介護を望むのか、誰に介護をしてもらいたいのかといったことを書き残しておきましょう。

医療についてなら、いよいよというときに終末期医療や延命治療を受け入れるのかどうかの指示などを書いておきます。

また、かかりつけ医がいる場合は、病院の連絡先や医師の氏名をわかるようにしておきます。いつも飲んでいる薬があれば、それも書いておきましょう。

葬儀やお墓についても書き残しておく

葬儀やお墓についてもできるだけ準備しておきます。

葬儀については、行うか行わないか、行うとしたらどのようなかたちで、どれほどの規模にするのかといったことを、自分の考えや希望として伝えておきましょう。

そのうえで、菩提寺（ぼだいじ）の確認、遺影の準備、葬儀に参列してほしい人の連絡先のリストの作成など、必要と思えることを準備します。家族もいざ葬儀を行う段になってあわてずに済むでしょう。

また、お墓についても、先祖代々の墓がありながら、散骨や自然葬を行ってもらいたい場合には特に、希望を書き残しておきましょう。

お墓がない場合には、自分の遺骨を納める場所を探しておく必要があります。新しくお墓を作るのなら、どこにどのような墓を建てるのかも考えておきましょう。

終活はあせらずじっくりと

終活では、今いる自分にまつわるすべてを、自分がいなくなった未来のことも含めて考えながら整理するのですから、大変だと感じるかもしれません。しかし、あせらず、自分のペースで進めればだいじょうぶです。家族や友人に協力してもらいながら、じっくりと進めていくのが理想です。

ノート　「生前戒名（かいみょう）」といって、生きているうちに戒名をもらうこともできます。菩提寺（または納骨予定のお寺）に相談してみるのもよいでしょう。

尊厳死・献体・臓器提供について

チェックポイント

- □ 尊厳死、献体（けんたい）、臓器提供は生前に意思表示ができる。
- □ それぞれの意思表示の方法や内容について確認しておく。

尊厳死のためのリビング・ウィル

「尊厳死」とは、単に「生きている物」ではなく、「人」として遇され、「人」としての「尊厳」を保ちながら迎える死のことです。具体的には、不治の病いあるいは終末期（病気の最終段階）にある人が、自分の意思で人工呼吸器や胃ろうなどの延命処置を行わずに、自然な死を迎えることを意味します。延命処置を断るとしても、苦痛をやわらげるための緩和処置を施すのが一般的です。

尊厳死を迎えたい人が、そのときに意思表示できない場合に備えて、生前にその意思を記しておく文書が「リビング・ウィル（尊厳死の意思表明書）」です（「事前指示書」とも呼ばれます）。

日本ではリビング・ウィルは法的効力をもちません。ですが、厚生労働省や日本医師会などは、患者の自己決定権を認め、リビング・ウィルを尊重することとしています。

リビング・ウィルを作成するには

リビング・ウィルに決まった形式はありません。ですが、一般的には、延命治療の拒否、苦痛を和らげるための緩和処置の依頼、回復の見込みがない意識障害におちいった場合の生命維持装置の拒否などを記します。作成したら、複数枚コピーを作り、家屋や親しい友人に渡しておきましょう。

医学のために遺体を提供する

人が死ぬことによって残すことができるのは、家や土地、お金といった財産だけではありません。それとはまた別な「生きた証」を社会貢献というかたちで残すこともできます。

医学の研究・教育に役立てるため、死後に自分の遺体を提供することを「献体(けんたい)」といいます。

献体を行うには、生前に、**大学や関連団体に「献体登録」をしておく必要があります。**登録の際には家族の同意と押印が必要です。

献体をした場合、葬儀は献体前、もしくは献体後に行いますが、遺骨が返還されるまでには1年から3年かかるのが普通です。そのため、通夜や告別式を行い、出棺後に登録した大学へ移送するのが一般的です。

移植のための臓器提供を行う

臓器提供は、脳死後か、心臓が停止した死後にできます。生前に臓器提供の意思表示を行う方法は、次の3つです。

①臓器提供意思表示カードに記入して携帯する

②運転免許証、健康保険証、マイナンバーカードの意思表示欄に記入する

③日本臓器移植ネットワークのウェブサイトから登録する

同時に、臓器を提供しない、という意思表示もできます。

また、本人の意思が不明である場合でも、家族の了承があれば臓器提供は可能です。15歳未満でも、家族の了承があれば、脳死後の臓器提供ができます。

臓器提供は、病院で亡くなった場合、そのまま臓器提供手術を行います。自宅で亡くなった場合は、病院に搬送されて手術が行われます。手術に要する時間は3~5時間程度です。

大切なアドバイス 「尊厳死」と「安楽死」の違い

「尊厳死」とよく混同して使われる言葉に「安楽死」があります。しかし、尊厳死と安楽死は意味が異なります。

尊厳死は、延命処置を行わないという、いわば「消極的な姿勢」において死期を早めます。いわば「死ぬに任せる」ということです。一方、「安楽死」のほうは医師が「積極的な医療行為」によって患者を死なせることをいいます。日本では、安楽死は、たとえ患者が望んでいたとしても、医師が自殺を手助けする行為、すなわち自殺幇助とみなされ、違法となります。

ノート　日本尊厳死協会はリビング・ウィルの登録管理を行っています。満15歳以上であれば誰でも会員になれます。会費は正会員が年2,000円、終身会員が70,000円です。

Column

「孤立死」をどう回避するか

近年、単身世帯（一人暮らし）が増加しています。特に65歳以上の単身世帯数の増加が顕著で、高齢者の単身世帯は今後もさらに増える見通しです。背景には少子高齢化、未婚率の増加、核家族化などがあります。

単身世帯の増加は社会的孤立のリスクを高めます。死を迎えるにあたっても同様のことがいえ、社会から孤立した状態で亡くなり、長期間気づかれないような「孤立死」が、誰の身にも起こりえるものとなってきています。

死後、早期に発見してもらうためには、亡くなったことがすぐにわかるようなセーフティネットを生前から築いておかなければなりません。離れて暮らす家族や親戚がいれば、頻繁に連絡をとるようにしましょう。あるいは、そうしたことがかなわないとしても、地域のコミュニティーに積極的に参加するなど、社会との接点を作っておくことが大切です。行きつけの居酒屋や喫茶店を作るのもよいでしょう。

自分の死後のことも準備しておきましょう。葬儀やお墓、財産などについて、自分の希望をまとめて書いておきます。また、それとともに、亡くなったことを発見した人が誰に連絡すればよいか、すぐにわかるように、身寄りの連絡先を書いたものを目につきやすいところに置いておきましょう。

孤立死は避けたいですが、自分らしい人生をまっとうしたのであれば、一人で亡くなることも決して悪いことではありません。そうした「素敵な孤独死」を望む人もいるでしょう。ただ、たとえ一人であっても、「立つ鳥跡を濁さず」を心がけることが大切です。

おわりに

身近な方が亡くなった後の相続は、一般的には、一生のうちで何度も経験することではありません。皆さんも、「法定相続人」「遺産分割協議書」「相続税の申告」、これらの言葉は聞いたことがあるものの、一体何から手をつけていいのか迷ってしまうことや、無事に手続きできるのか不安に感じてしまうことが多いのではないでしょうか。

本書には相続に関係した様々な手続きが紹介されています。しかし、これらの手続きが全て必要かというと、そうではありません。本書をお読みいただいて、「自分にとっての必要な手続き、メリットのある手続き」が一体何なのかをイメージしていただければと思います。

私も職業柄、相続手続きのお手伝いをさせていただくことが多いのですが、関門は「手続きに必要な書類（＝戸籍謄抄本）を集めること」、それから「遺産分割」です。本書でも少し触れた「法定相続情報証明制度」が始まる以前は、何通にも及ぶ戸籍謄抄本の束を3～5セット準備することもありましたが、本制度が始まってからはそれが1セットで済むようになりました。また、法務局による「自筆証書遺言」の保管制度が始まり、手軽にかつ安全に遺言書を作成し、保管することが可能になりました。

今まさに相続手続き中のご遺族の方々、また、これからご自身の相続を控え遺される遺族の負担を軽減したいと考えている皆さんにとって、本書がその手引書になれば幸いです。

司法書士　相原雄憲

索引

あ

か

た

な

は

●監修者紹介

市川　愛（いちかわ　あい）

1973年、神奈川県川崎市生まれ。市川愛事務所代表。服飾メーカー、葬儀社紹介企業勤務を経て、2004年に日本初の葬儀相談員として起業。2009年に『週刊朝日』の連載で使った「終活」という言葉が話題となったのをきっかけに、2011年、一般社団法人「終活普及協会」を設立。現在は講演活動、執筆、情報番組への出演などを通して、正しい葬儀の知識と終活の普及活動に従事している。著書・監修書に『後悔しないお葬式』(KADOKAWA)、『最新版　遺族のための葬儀・法要・相続・供養がわかる本』(学研プラス、共同監修・川原崎弘)、『「終活」のすすめ　自分で出来る人生のしめくくり』(太陽出版) 等多数。

ホームページ　http://www.re-lief.com

相原　雄憲（あいはら　たかのり）

1978年、東京都生まれ。育ちは埼玉県浦和市（現さいたま市)。明治大学卒業後、大手ハウスメーカー勤務を経て、2006年に司法書士事務所に就職。2013年に司法書士試験に合格し、2017年、さいたま市北区にて、あいはら司法書士事務所を開設。金融機関や税理士事務所といった取引先を通じて遺言書の作成や遺産相続、相続手続きの相談にも当たっている。

●イラスト：中村知史
●レイアウトデザイン・DTP：為田洵
●執筆協力：亀山龍馬
●編集協力：球形工房
●企画編集：成美堂出版編集部（原田洋介・今村恒隆）

本書に関する正誤等の最新情報は、下記のURLをご覧ください。
http://www.seibidoshuppan.co.jp/support/

※上記アドレスに掲載されていない箇所で、正誤についてお気づきの場合は、書名・発行日・質問事項・氏名・住所・FAX番号を明記の上、成美堂出版まで**郵送**または**FAX**でお問い合わせください。お電話でのお問い合わせは、お受けできません。
※**本書の正誤に関するご質問以外にはお答えできません**。また葬儀・相続の相談などは行っておりません。
※ 内容によっては、ご質問をいただいてから回答をさし上げるまでお時間をいただくこともございます。

ぜんぶわかる 葬儀･法要･相続の手続きとマナー

2021年1月10日発行

監　修　市川 愛（いちかわ あい）　相原雄憲（あいはら たかのり）

発行者　深見公子

発行所　成美堂出版

〒162-8445　東京都新宿区新小川町1-7

電話(03)5206-8151　FAX(03)5206-8159

印　刷　株式会社フクイン

ISBN978-4-415-32944-4